Anxiété, Inc.

LEONARDO TAVARES

Anxiété,
Inc.

ANXIÉTÉ, INC.
© Copyright 2023 - Leonardo Tavares

Ce titre peut être acheté en grande quantité à des fins commerciales ou éducatives.

Pour plus d'informations, veuillez envoyer un e-mail à realleotavares@gmail.com.

Le contenu de ce livre ne peut être reproduit, dupliquê ou transmis sans l'autorisation écrite directe de l'auteur ou de l'éditeur.

En aucun cas, l'éditeur, ou l'auteur, ne pourra être tenu pour responsable de tout dommage, réparation ou perte monétaire dus aux informations contenues dans ce livre. Que ce soit directement ou indirectement. Vous êtes responsable de vos propres choix, actions et résultats.

Avis juridique:

Ce livre est protégé par le droit d'auteur. Ce livre est uniquement destiné à un usage personnel. Vous ne pouvez pas modifier, distribuer, vendre, utiliser, citer ou paraphraser une partie ou le contenu de ce livre sans consentement de l'auteur ou de l'éditeur.

Avis de non-responsabilité:

Veuillez noter que les informations contenues dans ce document sont uniquement destinées à des fins éducatives et de divertissement. Tous les efforts ont été déployés pour présenter des informations précises, actualisées, fiables et complètes. Aucune garantie d'aucune sorte n'est déclarée ou implicite. Le lecteur reconnait que l'auteur ne s'engage pas à donner des conseils juridiques, financiers, médicaux ou professionnels. Le contenu de ce livre provient de diverses sources. Veuillez consulter un professionnel agréé avant d'essayer les techniques décrites dans ce livre.

En lisant ce document, le lecteur accepte qu'en aucun cas l'auteur ne soit responsable des pertes, directes ou indirectes, encourues suite à l'utilisation des informations contenues dans ce document, y compris, mais sans s'y limiter, - les erreurs, omissions ou inexactitudes.

Première impression 2023

SOMMAIRE

Prologue 9
1. Introduction à l'univers de l'anxiété 11
    Comprendre l'anxiété 12
    l'Ubiquité de l'anxiété dans la société moderne 15
    Une invitation à l'exploration 17

2. Société em rapide transformation 18
    Impact des changements sociaux, technologiques et culturels sur l'augmentation de l'anxiété 19
    Pressions de la modernite contribuant au stress et a l'insecurite 25

3. Causes de l'anxiété 29
    Facteurs biologiques, génétiques et environnementaux 30
    Exploration des déclencheurs individuels et collectifs .. 33

4. Anxiété et perfectionnisme 40
    La relation entre la recherche de la perfection et l'anxiété ... 41
    Strategies pour faire face au besoin d'etre parfait et a ses liens avec l'anxiete 49

5. Impacts sur la santé mentale 56
    Conséquences psychologiques de l'anxiété 57
    Comment l'anxiété affecte l'estime de soi et la confiance ... 61
    Effets a long terme de l'anxiete sur notre sante mentale 68
    Stratégies pour atténuer les impacts de l'anxiété sur la santé mentale 84

6. Impacts sur la santé physique 116
Effets de l'anxiété sur notre corps...117
Stratégies pour atténuer les impacts physiques de l'anxiété.... 124

7. Le cercle vicieux de l'anxiété 129
Compréhension du cycle auto entretenant de l'anxiété 130
Méthodes pour rompre le cycle et promouvoir la guérison 144

8. Stratégies d'auto-gestion 148
Stratégies pratiques pour faire face aux moments de forte anxiété 149
Techniques de respiration, de relaxation et de pleine conscience pour contrôler l'anxiété 152

9. Construire résilience 160
La nature de la résilience 161
Comment développer la résilience émotionnelle...................161
Comment transformer l'adversité en croissance personnelle.. 165

10. Mode de vie et bien-être........................... 178
Stratégies pour promouvoir un mode de vie plus sain et moins anxieux.. 179
l'Importance d'une alimentation équilibrée et de l'exercice physique pour contrôler l'anxiété 182

11. Technologie et anxiété............................. 187
Impact du surutilisation de la technologie sur l'anxiete.......... 188
Strategies pour equilibrer l'utilisation de la technologie et reduire la surcharge...191

12. Relations et soutien social............................**196**
  l'Influence des relations sur l'anxiété..................................197
  Stratégies pour cultiver des relations saineset rechercher un soutien émotionnel..199

13. Recherche d'aide professionnelle **205**
  Importance de rechercher de l'aide professionnelle 206
  Démystification des tabous liés à la thérapie....................... 208

Conclusion **213**
À propos de l'auteur **215**
Sources **217**

PROLOGUE

Bienvenue chez "Anxiété, Inc.", une invitation à pénétrer dans les couloirs complexes de notre monde intérieur, où l'anxiété se manifeste comme un puzzle complexe d'émotions, de pensées et de sensations. C'est ici que nous commençons à dévoiler la trame de cette expérience humaine universelle, offrant non seulement de la compréhension, mais aussi des stratégies tangibles pour apprivoiser ce tourbillon émotionnel.

Imaginez ce livre comme un guide à travers les sentiers sinueux de l'anxiété. Parfois, c'est un labyrinthe sombre, mais il y a toujours de la lumière au bout du tunnel. Ici, nous partons à la recherche de cette lumière, non seulement pour dissiper les ombres de l'anxiété, mais aussi pour démystifier ce qui l'entoure.

Le parcours commence par l'analyse de ce qu'est l'anxiété, car comprendre notre adversaire est la première étape pour le vaincre. Nous plongerons profondément dans ses manifestations, depuis ces picotements nerveux jusqu'aux pensées en spirale qui semblent avoir leur propre vie.

Ensuite, nous nous aventurons sur les chemins de la gestion et du contrôle de l'anxiété. Des techniques ancestrales de respiration aux approches modernes de la pleine conscience, nous explorerons des stratégies qui offrent du soulagement et apaisent le cœur au milieu de la tempête.

Mais il ne s'agit pas seulement de survivre à l'anxiété, il s'agit de prospérer malgré elle. Tout au long de ces pages, vous découvrirez comment transformer l'anxiété en carburant pour la croissance personnelle. C'est une invitation à transcender et à grandir, en affrontant les peurs la tête haute.

Préparez-vous pour cette riche expérience de découverte de soi. Ouvrez-vous à la possibilité d'une vie plus légère et éclairée, où l'anxiété ne sera plus une ombre sombre, mais un nuage passager dans le vaste ciel de l'existence humaine. Nous sommes sur le point de nous lancer dans ce voyage ensemble. Explorons, apprenons et grandissons. L'anxiété ne sera plus une prison, mais une porte vers la libération.

1
INTRODUCTION À L'UNIVERS DE L'ANXIÉTÉ

Ouvrez votre cœur à l'univers de l'anxiété, où chaque battement révèle une histoire de courage et de découverte de soi.

L'anxiété est une expérience universelle que nous avons tous rencontrée à un moment de nos vies. Elle se manifeste de différentes façons et intensités, de la préoccupation quotidienne pour les responsabilités à cette sensation accablante d'appréhension avant un événement important. Dans les temps modernes, l'anxiété est devenue une compagne constante pour beaucoup, une présence indésirable qui influence nos vies de manière profonde et souvent invalidante.

L'anxiété n'est pas seulement un état émotionnel; c'est une réponse complexe et multifacette de notre organisme à des situations perçues comme menaçantes ou stressantes. C'est une réaction naturelle et adaptative qui prépare notre corps et notre esprit à affronter les défis. Cependant, lorsque cette réponse devient excessive, disproportionnée ou persistante, elle cesse d'être bénéfique et commence à entraver notre qualité de vie et notre bien-être.

Dans ce chapitre, nous commencerons notre exploration, cherchant non seulement à définir et comprendre l'anxiété en profondeur, mais aussi à souligner sa pertinence et sa fréquence dans les toiles complexes de la vie moderne. Nous allons dévoiler la nature multifacette de l'anxiété, révélant ses manifestations variées et souvent sous-estimées. En comprenant sa définition et son ampleur, nous serons mieux préparés à relever les défis qu'elle présente. Après tout, ce n'est qu'en comprenant la véritable nature de l'ennemi que nous pouvons développer les armes nécessaires pour le surmonter.

COMPRENDRE L'ANXIÉTÉ

L'anxiété peut être décrite comme un état émotionnel caractérisé par de l'anticipation, de la nervosité et de l'inquiétude par rapport à l'avenir. C'est une réponse émotionnelle et physiologique à une menace perçue, qu'elle soit réelle ou imaginaire. Le corps se met en état d'alerte, libérant des hormones telles que l'adrénaline et le cortisol pour préparer l'organisme à l'action. Cette réponse, connue sous le nom de "réponse de lutte ou de fuite", est essentielle à notre survie et nous aide à réagir aux situations dangereuses.

Cependant, dans certaines circonstances, cette réponse peut être activée sans raison réelle ou hors de proportion avec la situation. C'est là que l'anxiété devient un problème. Lorsqu'elle est vécue de manière chronique ou intense, l'anxiété peut interférer avec notre capacité à fonctionner au quotidien, nuisant à nos relations, à notre travail et à notre qualité de vie.

La diversité des manifestations de l'anxiété

L'une des caractéristiques les plus intrigantes de l'anxiété est sa diversité de manifestations. Elle ne se limite pas à une seule expérience ou à un seul symptôme, mais se présente de différentes manières, chacune avec ses nuances et ses particularités. Comprendre cette diversité est essentiel pour reconnaître quand l'anxiété est présente dans nos vies.

Inquiétude Excessive: Une des manifestations les plus courantes de l'anxiété est l'inquiétude excessive. Cela implique un flux constant et accablant de pensées sur des événements futurs, même s'il s'agit de situations courantes de la vie quotidienne. L'esprit devient une usine à scénarios négatifs, et la sensation d'appréhension est constante.

Tension Musculaire: Un autre signe fréquent de l'anxiété est la tension musculaire. L'anxiété chronique peut entraîner raideur, douleurs ou inconfort physique en raison de la tension musculaire constante. Cela peut se manifester sous forme de maux de tête, de douleurs dorsales et même de problèmes digestifs.

Irritabilité: L'anxiété peut également influencer nos émotions, nous rendant plus irritable et impatient. Des situations qui ne nous dérangeraient normalement pas peuvent nous amener à réagir de manière disproportionnée en raison de l'état de tension constante.

Agitation: La sensation d'agitation est une autre facette de l'anxiété. Il peut être difficile de se détendre, de rester assis calmement ou de se concentrer sur une tâche spécifique. L'esprit est toujours en mouvement, et la personne peut ressentir le besoin de faire constamment quelque chose.

Difficulté de Concentration: L'anxiété affecte également notre capacité de concentration. Rester concentré sur une tâche ou assimiler des informations peut être difficile lorsque l'esprit est rempli d'inquiétudes.

Fatigue: Bien que paradoxal, l'anxiété peut causer une fatigue intense. La tension physique et émotionnelle constante peut drainer notre énergie, nous laissant fatigués et sans motivation, même après une bonne nuit de sommeil.

Ce ne sont là que quelques-unes des nombreuses façons dont l'anxiété peut se manifester. Il est important de comprendre que l'anxiété n'est pas une expérience uniforme, et les gens peuvent la vivre de différentes manières. Elle peut être une ombre discrète planant en arrière-plan de nos vies, ou une tempête dévastatrice qui nous engloutit complètement.

La prévalence de l'anxiété

Pour comprendre la pertinence de l'anxiété dans la société contemporaine, il est crucial de reconnaître son omniprésence. L'anxiété ne connaît pas de frontières, touchant des personnes de tous âges, origines et modes de vie. Elle ne fait pas de distinction entre les races, les genres ou les statuts sociaux. C'est un phénomène humain universel, une partie intrinsèque de l'expérience humaine.

De plus, l'anxiété n'est pas confinée à un secteur spécifique de la société. Elle ne fait pas de distinction entre les riches et les pauvres, les éduqués et les non-éduqués, les citadins et les ruraux. Elle est présente dans toutes les sphères de la société contemporaine, depuis les étudiants préoccupés par leurs performances académiques jusqu'aux cadres sous pression pour atteindre des objectifs ambitieux. L'anxiété est donc une préoccupation qui traverse toutes les couches de la société.

En conséquence, l'anxiété n'est pas seulement un défi individuel, mais aussi un phénomène social. Elle façonne notre culture, influence nos normes et affecte nos relations.

L'UBIQUITÉ DE L'ANXIÉTÉ DANS LA SOCIÉTÉ MODERNE

De nos jours, nous vivons dans un monde de plus en plus rapide et complexe. Les exigences de la vie quotidienne, la pression pour réussir, la connectivité constante grâce à la technologie et les incertitudes de l'avenir contribuent à une augmentation significative des niveaux d'anxiété. Le mode de vie moderne nous conduit souvent à un état de surcharge, où l'équilibre entre le travail, les loisirs et les soins personnels est souvent négligé.

La société moderne nous impose un besoin constant de nous démarquer, d'atteindre des objectifs ambitieux et de maintenir des normes élevées dans tous les domaines de nos vies. Les réseaux sociaux, bien qu'ils nous connectent, peuvent également déclencher de l'anxiété par le biais de la comparaison constante avec les autres. Nous sommes observés, évalués et jugés de diverses manières, 24 heures sur 24, ce qui peut susciter une peur croissante d'échouer ou de ne pas répondre aux attentes qui nous sont imposées.

La course au succès, la compétitivité exacerbée et la recherche de la perfection sont des réalités courantes dans nos vies modernes. Toutes ces pressions peuvent créer un cycle d'anxiété auto-entretenue, où le besoin de réussir et l'appréhension de ne pas atteindre ce succès génèrent un état de stress et d'anxiété chronique.

Dans ce contexte, l'anxiété prend souvent le rôle d'un conseiller gênant, une voix intérieure qui nous interroge et nous pousse à en faire plus, à être meilleurs, à répondre aux attentes, aussi bien aux nôtres qu'à celles des autres. Ainsi, l'anxiété s'entremêle avec la quête incessante du succès et l'évitement persistant de l'échec.

UNE INVITATION À L'EXPLORATION

Ce livre est une invitation à explorer le monde complexe de l'anxiété, à comprendre ses racines, ses effets et ses moyens de contrôle. Tout au long des prochains chapitres, nous examinerons en détail les causes de l'anxiété, les impacts sur la santé mentale et physique, les déclencheurs courants et, plus important encore, les stratégies et techniques qui peuvent nous aider à relever ce défi de manière positive et efficace.

En fournissant des informations, des perspectives et des outils pratiques, mon objectif est de vous permettre de reconnaître et de faire face à l'anxiété de manière saine. Construisons ensemble un chemin vers une vie équilibrée, où l'anxiété ne soit pas un obstacle, mais plutôt une opportunité de croissance et de développement personnel.

2
SOCIÉTÉ EM RAPIDE TRANSFORMATION

Dans un monde en constante mutation, nous trouvons la force dans l'adaptation et la sagesse dans l'évolution.

Pénétrer au cœur de la modernité, c'est comme se lancer dans une danse vertigineuse, un mouvement incessant où la société se réinvente à chaque pas. Nous vivons à une époque de transformations écrasantes, un tourbillon de changements balayant nos vies dans toutes les dimensions. Alors que nous sommes témoins de ce paysage en évolution constante, nous sommes mis au défi de trouver l'équilibre délicat entre la nécessité d'adaptation et la préservation de notre santé mentale et émotionnelle. C'est sur cette scène en mouvement que l'anxiété émerge comme une partenaire indésirable, une ombre qui nous suit au milieu de cette marche tumultueuse.

Dans ce chapitre, nous vous invitons à plonger profondément dans la danse rapide de la modernité, dévoilant les liens complexes entre les transformations sociales, technologiques et culturelles, et la spirale croissante de l'anxiété que cette accélération induit. Chaque pas, chaque tournant dans cette danse, laisse des marques dans notre psyché collective. C'est une chorégraphie qui défie la résistance de notre esprit et la flexibilité de notre âme.

Les transformations sociales déclenchent des vagues de changements culturels, qui à leur tour, trouvent écho dans l'évolution technologique. Internet, les réseaux sociaux et l'intelligence artificielle façonnent non seulement nos interactions, mais aussi la façon dont nous percevons la réalité et même nous-mêmes. Cependant, cette avancée frénétique a un coût, et l'anxiété devient un écho constant au milieu de ce progrès. Elle s'infiltre dans nos vies, nourrie par les incertitudes et le rythme effréné de cette danse de la modernité. Apprenons à danser avec la modernité, à trouver l'harmonie entre la rapidité des changements et la paix intérieure, et à transformer cette danse vertigineuse en un mouvement de résilience et de croissance.

IMPACT DES CHANGEMENTS SOCIAUX, TECHNOLOGIQUES ET CULTURELS SUR L'AUGMENTATION DE L'ANXIÉTÉ

Les changements sociaux, technologiques et culturels caractéristiques de la modernité ont un profond impact sur l'augmentation des niveaux d'anxiété dans notre société contemporaine. Nous allons explorer en détail chacune de ces dimensions pour comprendre la complexité de cette interaction et ses conséquences sur la santé mentale.

Transformations sociales

La société est en constante évolution, et les changements sociaux sont l'un des principaux moteurs de l'anxiété. À mesure que les anciennes structures et normes sont remises en question et redéfinies, une sensation d'incertitude et d'instabilité apparaît. La révolution des rôles de genre, la diversité, la migration de masse et d'autres phénomènes sociaux ajoutent une complexité supplémentaire aux interactions humaines.

Cette interaction entre les individus et la société en évolution peut entraîner de l'anxiété, en particulier pour ceux qui se sentent perdus ou submergés par le rythme des changements sociaux. La pression pour s'adapter aux nouvelles normes et attentes peut conduire à un sentiment d'inadéquation, contribuant à l'anxiété.

La révolution technologique

La révolution technologique, tout en offrant une connectivité sans précédent, introduit également un ensemble de défis émotionnels et mentaux. L'utilisation extensive des appareils électroniques et la présence en ligne constante peuvent conduire à une surcharge d'informations et à un sentiment d'être toujours "connecté".

De plus, les réseaux sociaux créent un environnement propice à la comparaison constante avec les autres, entraînant une augmentation de l'anxiété sociale. Le besoin de maintenir une image idéalisée en ligne peut exercer une pression intense pour être perçu de manière positive par les autres, aboutissant à de l'anxiété de performance.

Changements culturels

Les changements culturels font partie intégrante de la dynamique de la société moderne, façonnant nos perceptions, comportements et interactions. La culture contemporaine est en constante évolution, et cette transformation a des implications profondes sur la façon dont nous percevons et vivons la vie, ce qui influence à son tour notre santé mentale.

Une des caractéristiques marquantes des changements culturels est la transition d'une mentalité collectiviste à une culture centrée davantage sur l'individu. La valorisation de l'autonomie et de la recherche du succès personnel est devenue un récit dominant. Bien que cela ait apporté liberté et émancipation, cela a également créé une pression supplémentaire sur chaque individu.

L'idée d'"épanouissement personnel" peut générer de l'anxiété, car les individus se sentent poussés à atteindre des normes élevées et à répondre aux attentes non seulement de la société, mais aussi d'eux-mêmes. La quête incessante d'atteindre des objectifs personnels peut souvent entraîner un sentiment constant d'insatisfaction et, par conséquent, de l'anxiété.

La culture contemporaine est également profondément enracinée dans la quête de la consommation et de l'acquisition constante de nouvelles expériences. Nous vivons dans une société qui promeut l'idée que posséder plus de choses et rechercher de nouvelles expériences nous mènera au bonheur et à la satisfaction totale.

Cependant, cette quête incessante et souvent irréaliste d'un état de vie idéal peut générer de l'anxiété. Le sentiment de chronique insatisfaction découlant de la culture de la consommation peut conduire à un cycle d'anxiété, car nous ne sommes jamais pleinement satisfaits de ce que nous avons ou avons accompli. Cela peut créer une pression constante pour acquérir davantage et atteindre un standard inatteignable de "bonheur".

Les changements culturels influent également sur nos relations interpersonnelles et notre sentiment de communauté. Nous vivons à une époque où les relations sont souvent médiatisées par la technologie et où les connexions physiques peuvent être remplacées par des interactions numériques. Cela a un impact profond sur notre perception d'appartenance et de solitude.

La redéfinition des liens sociaux peut générer de l'anxiété, en particulier pour ceux qui se sentent déconnectés ou isolés au milieu de cette transformation. La pression pour maintenir une présence idéalisée en ligne peut créer un sentiment d'inauthenticité et contribuer à l'anxiété sociale.

Ces changements culturels, qui promeuvent l'individualisme, la consommation et la redéfinition de nos relations, sont interconnectés et influent sur nos expériences quotidiennes. En comprenant le rôle que la culture joue dans l'anxiété moderne, nous pouvons développer des stratégies efficaces pour faire face à ce défi, en promouvant une approche plus équilibrée et saine de la vie contemporaine

Intersection et connexion

L'intersection et la connexion entre les dimensions des changements sociaux, technologiques et culturels créent un environnement complexe qui influence significativement notre santé mentale et émotionnelle. Cette synergie amplifie les effets de ces changements, aboutissant à un impact cumulatif sur l'augmentation de l'anxiété dans la société contemporaine.

Les transformations sociales, technologiques et culturelles sont intrinsèquement imbriquées, formant un réseau complexe d'influences. Les transformations sociales façonnent les interactions humaines, et les innovations technologiques affectent directement la manière dont nous communiquons, travaillons et interagissons. Ces changements sont amplifiés par les évolutions culturelles qui redéfinissent nos valeurs, nos attentes et nos aspirations.

L'évolution technologique rapide, par exemple, affecte directement nos interactions sociales. L'utilisation extensive d'appareils électroniques et de réseaux sociaux peut souvent conduire à une diminution de la qualité et de la profondeur des relations interpersonnelles, impactant négativement notre bien-être émotionnel.

Cette interconnexion et interdépendance des changements modernes ont un impact cumulatif sur l'anxiété. L'individu contemporain, constamment immergé dans cet environnement de changements rapides et interconnectés, fait souvent face à un état d'anxiété chronique.

Comprendre cette interconnexion est fondamental pour aborder l'anxiété de manière efficace. Les stratégies d'adaptation et les interventions doivent prendre en compte l'interaction complexe entre tous ces aspects. C'est un défi de trouver un équilibre entre profiter des avantages de ces changements et atténuer les impacts négatifs sur notre santé mentale et émotionnelle.

La recherche de cet équilibre est cruciale pour promouvoir une approche plus saine et durable de la vie contemporaine. Nous devons apprendre à utiliser la technologie de manière consciente, à embrasser les changements sociaux de manière équitable et à remettre en question et redéfinir constamment nos valeurs culturelles. Ce n'est que par ce juste équilibre et la compréhension de l'interconnexion entre ces dimensions que nous pourrons aborder l'anxiété de manière holistique et rechercher une vie équilibrée et gratifiante à l'ère moderne.

PRESSIONS DE LA MODERNITE CONTRIBUANT AU STRESS ET A L'INSECURITE

La modernité a apporté une série d'avancées et de bénéfices à la société, mais elle a également introduit des pressions uniques qui peuvent contribuer au stress et à l'insécurité dans la vie des gens. Explorons ces pressions en détail pour comprendre comment elles affectent la santé mentale et émotionnelle dans le monde contemporain.

Une des pressions les plus pressantes de la modernité est la rapidité avec laquelle les choses changent. La technologie progresse à un rythme exponentiel, les attentes sociales et professionnelles sont toujours en hausse et la vie quotidienne est devenue incroyablement rapide. Cette transformation rapide crée un besoin constant d'adaptation et d'apprentissage, ce qui peut entraîner un stress chronique alors que les gens luttent pour suivre le rythme.

Les attentes croissantes dans tous les aspects de la vie, du travail aux interactions sociales et à la quête du bonheur personnel, peuvent créer une pression constante pour répondre à des normes souvent inatteignables, entraînant un cycle de stress et d'anxiété.

Nous vivons à l'ère de l'information, où nous sommes inondés d'une quantité sans précédent de données et de contenus via Internet et les réseaux sociaux. Bien que cela offre des opportunités précieuses, cela crée également une surcharge d'informations. Essayer de traiter et d'assimiler tout ce flux constant de données peut être écrasant, conduisant à un état d'anxiété et d'insécurité concernant notre compréhension du monde.

De plus, la dépendance à la technologie pour la communication et les tâches quotidiennes peut créer un sentiment d'insécurité lorsque nous sommes déconnectés ou lorsque notre vie privée est compromise. La peur d'être "déconnecté" peut contribuer à l'anxiété.

La modernité encourage souvent une culture de compétition et de comparaison constante. Dans les sphères professionnelles et personnelles, les gens se voient souvent engagés dans une course effrénée pour atteindre des objectifs, acquérir des biens matériels et atteindre des normes de vie élevées. L'exposition constante aux réussites et aux modes de vie apparemment idéaux des autres, amplifiée par les médias sociaux, peut créer une pression pour rivaliser et se comparer, entraînant un sentiment d'inadéquation et de stress chronique.

Cette culture compétitive peut également affecter la santé mentale, car les gens se sentent constamment évalués par les autres et par la société, entraînant une quête incessante de validation et d'acceptation.

La nouvelle réalité exige un engagement extrême dans la vie professionnelle, avec de longues heures de travail et une connectivité constante à Internet. L'équilibre entre vie professionnelle et vie personnelle peut devenir une quête ardue, générant du stress en raison de la pression de répondre aux demandes dans les deux sphères.

Le manque de temps pour les activités de loisirs, les soins personnels et le repos adéquat contribue au stress chronique et à l'anxiété. L'incapacité de se déconnecter du travail peut entraîner un état de stress constant, impactant négativement la santé mentale.

Ces pressions de la modernité sont interconnectées et représentent des défis importants pour la santé mentale et émotionnelle. Il est crucial de rechercher un équilibre entre profiter des avancées et des avantages que la modernité offre, tout en développant des stratégies efficaces pour atténuer le stress et l'insécurité qui accompagnent ce mode de vie rapide et exigeant.

Alors que nous concluons cette exploration sur la société en rapide transformation, il est clair que nous sommes plongés dans une ère de changements vertigineux. La danse de la modernité est complexe, exigeante et souvent écrasante. Les transformations sociales, technologiques et culturelles sont intrinsèquement imbriquées, créant un contexte qui influence de manière significative notre santé mentale et émotionnelle. Les pressions de la modernité sont réelles, et leurs répercussions sur l'anxiété sont tangibles.

Cependant, ce chapitre nous invite également à trouver l'équilibre entre l'adaptation à ce rythme effréné et la préservation de notre santé mentale. En comprenant l'interconnexion de ces changements et leur impact cumulatif, nous sommes mieux placés pour relever les défis que la modernité nous présente. Notre objectif est maintenant d'explorer les racines et les fondements de l'anxiété à un niveau plus profond. Il est temps d'investiguer les causes sous-jacentes qui contribuent à cette anxiété généralisée dans la société contemporaine.

En plongeant dans le domaine de l'anxiété, il est impératif de comprendre les racines profondes de ce phénomène complexe. L'anxiété n'est pas une émotion isolée; c'est un écho de diverses influences et expériences qui façonnent notre vie quotidienne. Le prochain chapitre vise à éclairer les causes multifacettes qui déclenchent et alimentent l'anxiété dans nos vies. Nous allons dévoiler les couches de cette émotion complexe et découvrir des moyens de restaurer le calme et l'équilibre au milieu de ce défi contemporain.

3

CAUSES DE L'ANXIÉTÉ

Dans les racines de l'anxiété, nous découvrons la source, mais aussi la graine du dépassement.

Dans la trame complexe de l'expérience humaine, l'anxiété émerge comme une pièce centrale. C'est une émotion qui peut se manifester de différentes manières, depuis un murmure doux d'appréhension jusqu'à un rugissement assourdissant de terreur.

Au cœur des causes de l'anxiété se trouvent les mécanismes biologiques de notre corps, où la danse des molécules et des signaux électriques dans le cerveau dicte notre réponse émotionnelle. Nos gènes, les blocs de construction de notre existence, jouent également un rôle dans notre propension à l'anxiété. Mais l'anxiété ne se limite pas aux entrailles de la biologie; elle se manifeste dans notre psyché, façonnée par nos expériences passées, nos schémas de pensée et nos traits de personnalité.

Cependant, l'anxiété n'est pas une entité solitaire. Elle est influencée par notre environnement, par les tensions sociales de notre ère moderne et par le mode de vie que nous choisissons. Le stress constant, les pressions sociales impitoyables et le flux incessant d'informations à l'ère numérique font désormais partie intégrante de notre quotidien, jouant un rôle vital dans l'amplification de l'anxiété. Ces influences s'entremêlent, créant une symphonie dissonante d'anxiété dans nos vies.

En dévoilant cette toile complexe de causes, il devient évident que l'anxiété n'est pas simplement une conséquence de nos actions ou du hasard; c'est une réponse complexe à un ensemble intriqué d'influences. L'anxiété peut être perçue comme un écho de notre biologie, de nos interactions sociales et de nos expériences de vie. Elle se manifeste dans tous les aspects de notre être, depuis les circuits de notre cerveau jusqu'aux scénarios de notre vie quotidienne.

Dans ce chapitre, nous allons démêler chacune de ces causes, explorer leurs nuances et comprendre comment elles contribuent à la tapisserie complexe de l'anxiété. Après tout, comprendre les causes est la première étape cruciale pour développer des stratégies efficaces d'adaptation.

FACTEURS BIOLOGIQUES, GÉNÉTIQUES ET ENVIRONNEMENTAUX

L'anxiété est un phénomène résultant d'une interaction complexe de facteurs biologiques, génétiques et environne-mentaux. Comprendre ces influences est essentiel pour développer des stratégies de gestion et de traitement plus efficaces afin de traiter l'anxiété de manière holistique. Approfondissons notre compréhension de chacun de ces facteurs fondamentaux.

Facteurs biologiques

L'anxiété a une base biologique solide, le cerveau étant l'épicentre du traitement de cette émotion. Les neurotransmetteurs tels que la sérotonine, la noradrénaline et le GABA jouent des rôles cruciaux. La sérotonine, par exemple, est liée à la régulation de l'humeur et des émotions. Le déséquilibre de ces neurotransmetteurs peut entraîner une réponse anxieuse disproportionnée, caractéristique des troubles anxieux.

Outre les neurotransmetteurs, le système nerveux central, en particulier le cerveau et la moelle épinière, joue un rôle crucial dans la régulation de l'anxiété. Des parties spécifiques du cerveau, telles que l'amygdale et le cortex préfrontal, sont particulièrement impliquées dans le traitement et la réponse à l'anxiété.

L'hormone cortisol, libérée en réponse au stress, joue un rôle significatif dans le développement des troubles anxieux. Des niveaux chroniquement élevés de cortisol peuvent affecter la santé mentale, en augmentant la sensibilité au stress et la probabilité de ressentir de l'anxiété.

Facteurs génétiques

L'anxiété, comme de nombreux aspects de notre santé, est étroitement liée à notre génétique. Des études révèlent que l'anxiété a une base génétique significative. La prédisposition aux troubles anxieux peut être héritée génétiquement, portant en elle un héritage qui influence la vulnérabilité individuelle. Certains gènes jouent un rôle crucial dans ce processus, façonnant la façon dont notre cerveau fonctionne et régule nos émotions.

Un antécédent familial de troubles anxieux peut donc augmenter la probabilité que quelqu'un développe de l'anxiété. Des gènes spécifiques impliqués dans la régulation des neurotransmetteurs, la réponse au stress et la régulation émotionnelle peuvent être transmis de génération en génération. Ces gènes façonnent notre réactivité aux situations de stress et aux défis émotionnels, influençant directement notre susceptibilité à l'anxiété.

Facteurs environnementaux

Cependant, l'anxiété n'est pas seulement une histoire écrite dans les gènes; c'est un récit complexe et multifacette qui prend également en compte l'environnement qui nous entoure. Nos expériences et nos expositions environnementales jouent un rôle fondamental dans la façon dont nous façonnons l'anxiété que nous ressentons.

Être exposé à des situations de haute pression, à des environnements toxiques ou à des événements traumatiques peut servir de déclencheur pour l'anxiété. L'impact de l'environnement ne peut être sous-estimé, car des expériences telles que des traumatismes, des abus, une instabilité familiale, de la violence ou même des catastrophes naturelles peuvent avoir des effets profonds et durables sur notre santé mentale.

Ainsi, l'anxiété est une interaction complexe entre notre prédisposition génétique et les expériences que nous vivons. C'est comme une danse délicate entre nos gènes et le monde qui nous entoure, une danse qui façonne l'expérience unique de l'anxiété pour chaque personne. Comprendre cette interconnexion nous aide à aborder l'anxiété de manière plus holistique et efficace.

EXPLORATION DES DÉCLENCHEURS INDIVIDUELS ET COLLECTIFS

L'anxiété, complexe et multifacette, peut être déclenchée par une variété de facteurs, tant au niveau individuel qu'au niveau collectif. Ces déclencheurs jouent un rôle fondamental dans l'apparition et l'intensité des symptômes d'anxiété. Explorons en profondeur les aspects individuels et collectifs qui contribuent à cette réponse émotionnelle.

Déclencheurs individuels

L'anxiété, une réponse complexe du corps et de l'esprit aux stimuli externes ou internes, peut être déclenchée par divers facteurs. Explorons plus en détail les déclencheurs individuels, qui proviennent du niveau personnel et ont un impact significatif sur la manifestation de l'anxiété.

Conditions de Santé Mentale Coexistantes: Les troubles de santé mentale tels que la dépression, le trouble bipolaire ou le trouble de stress post-traumatique peuvent être interconnectés avec l'anxiété. La présence d'une condition peut aggraver l'anxiété et vice versa, créant un cycle complexe.

Personnalité: Certaines caractéristiques de la personnalité, telles que le perfectionnisme, l'extrême timidité et des tendances contrôlantes, peuvent être associées à un risque accru de développer des troubles anxieux.

Traumatismes et Expériences Personnelles: Les traumatismes et les expériences passées sont de puissants déclencheurs d'anxiété. Les événements traumatisants, surtout dans l'enfance, peuvent créer un terrain propice au développement de troubles anxieux plus tard dans la vie. Ces événements peuvent laisser des marques profondes dans notre psyché, entraînant une réponse exagérée d'anxiété dans des situations similaires.

Phobies et Peurs Spécifiques: Les phobies sont des déclencheurs courants d'anxiété. La peur intense et irrationnelle de situations ou d'objets spécifiques, tels que la hauteur, les araignées, l'avion, entre autres, peut entraîner de hauts niveaux d'anxiété lorsqu'on est confronté à ces éléments.

Style de Pensée et Modèles Cognitifs: Notre mode de pensée est également un facteur crucial. Les schémas de pensée négatifs, tels que la catastrophisation (toujours anticiper le pire), la généralisation (extrapoler un événement négatif à toutes les situations) et la pensée polarisée (voir tout en noir ou blanc, sans nuance), peuvent contribuer à l'anxiété chronique.

Attentes et Pressions Personnelles: Les pressions pour répondre aux attentes personnelles et sociales, telles que atteindre des objectifs professionnels, maintenir des normes élevées de performance ou remplir certains rôles sociaux, peuvent déclencher l'anxiété. L'inquiétude de l'échec ou du rejet peut être intense.

Modèles de Pensée Négatifs: Les modèles de pensée dysfonctionnels, tels que la pensée catastrophique, l'attente toujours du pire ou l'anticipation de résultats négatifs, peuvent déclencher une anxiété continue. L'interprétation négative des événements et des expériences peut entraîner des préoccupations et des anxiétés excessives.

Conditions de Santé Physique: Les conditions de santé physique, telles que les problèmes cardiaques, les problèmes respiratoires ou les maladies chroniques, peuvent déclencher l'anxiété. L'inquiétude concernant la santé et le sentiment de perte de contrôle sur le corps peuvent entraîner une augmentation de l'anxiété.

Consommation de Substances: La consommation de substances telles que l'alcool, les drogues illicites ou certains médicaments peut déclencher l'anxiété. Certaines substances peuvent affecter l'équilibre chimique du cerveau, entraînant des symptômes d'anxiété.

Chaque personne possède une combinaison unique de déclencheurs individuels qui influent sur son anxiété. La compréhension de ces facteurs est essentielle pour une gestion efficace de l'anxiété.

Facteurs déclenchants collectifs

Les facteurs déclenchants collectifs de l'anxiété sont des éléments qui opèrent au niveau social, culturel ou de groupe, exerçant une influence significative sur l'anxiété éprouvée par une communauté ou une société. Explorons en profondeur ces déclencheurs, en mettant en lumière leur interconnexion avec la santé mentale et émotionnelle collective.

Événements Sociaux et Culturels Traumatiques: La survenance d'événements traumatiques dans une société, tels que les guerres, le terrorisme, les catastrophes naturelles ou les épidémies, peut engendrer de l'anxiété à grande échelle. L'incertitude, la peur de l'inconnu et le sentiment d'insécurité découlant de ces événements peuvent provoquer une anxiété généralisée au sein de la population.

Pressions de la Société Moderne: La société moderne, souvent axée sur le succès, la compétitivité et les normes de perfection, peut générer de l'anxiété chez de nombreux individus. La pression constante pour atteindre des objectifs professionnels, répondre aux attentes sociales et maintenir une image publique acceptable peut créer un environnement anxiogène et stressant.

Stress Économique: L'instabilité économique, le chômage, les dettes et les préoccupations financières affectent une part importante de la population. L'incertitude quant à l'avenir financier et la pression pour maintenir un niveau de vie peuvent entraîner des niveaux élevés d'anxiété au sein d'une communauté.

Pressions Culturelles: Certaines cultures peuvent imposer des pressions spécifiques qui contribuent à l'anxiété. Les attentes culturelles liées au mariage, aux enfants, aux rôles de genre ou à la réussite professionnelle peuvent générer de l'anxiété chez les personnes qui se sentent incapables de répondre à ces attentes.

Stigmatisation et Discrimination: La discrimination raciale, de genre, d'orientation sexuelle ou sociale peut provoquer de l'anxiété collective au sein des groupes marginalisés. Le stigma social et l'exclusion peuvent créer un environnement d'anxiété persistante au sein de ces communautés.

Pressions Éducatives: Les systèmes éducatifs compétitifs peuvent être des déclencheurs significatifs d'anxiété, notamment chez les étudiants. Les attentes de performance, la compétition constante et la pression pour réussir sur le plan académique peuvent entraîner des niveaux élevés d'anxiété.

Normes Sociales et Comportementales: Des normes sociales strictes ou des attentes comportementales peuvent créer de l'anxiété chez les personnes qui ne se conforment pas ou qui craignent le rejet social en raison de leur différence. La nécessité de s'adapter à certains standards peut générer de l'anxiété à grande échelle. Il est essentiel de reconnaître que ces facteurs n'opèrent pas de manière isolée. Ils sont interconnectés et peuvent se renforcer mutuellement. Par exemple, le stress chronique peut avoir un impact négatif sur la neurochimie cérébrale, et les schémas de pensée négatifs peuvent découler d'un stress prolongé.

Exposition aux Médias Sociaux et aux Nouvelles: L'exposition constante à des nouvelles négatives, à des catastrophes et à des tragédies via les médias sociaux et d'autres moyens de communication peut contribuer à l'anxiété collective. L'impact émotionnel de la surcharge d'informations et la comparaison constante avec d'autres personnes peuvent amplifier l'anxiété.

Les facteurs déclenchants collectifs de l'anxiété reflètent l'interaction complexe entre les individus et la société. Ils illustrent comment la culture, l'économie, les normes sociales et d'autres facteurs sociaux peuvent influencer la santé mentale d'une communauté. La compréhension de ces influences sociales est essentielle pour construire un monde où l'anxiété est comprise et traitée de manière holistique et sensible aux besoins collectifs.

Dans ce chapitre, nous avons exploré les complexités des facteurs biologiques, génétiques et environnementaux qui contribuent à la spirale de l'anxiété. Maintenant, il est temps de diriger notre attention vers l'un des aspects les plus saillants et les plus défis de l'anxiété dans la société moderne: le perfectionnisme. Dans le prochain chapitre, nous plongerons dans l'univers du perfectionnisme et dévoilerons comment il est intrinsèquement lié à l'anxiété, et comment nous pouvons trouver un équilibre sain entre la recherche de l'excellence et notre santé mentale.

La marche vers la compréhension de l'anxiété se poursuit, dans l'espoir que chaque pas nous rapproche d'une vie pleine et gratifiante, libérée des entraves de l'anxiété.

4

ANXIÉTÉ ET PERFECTIONNISME

Défiez le perfectionnisme, célébrez le progrès,
et libérez-vous des chaînes de l'attente infinie.

La quête incessante de la perfection, une recherche qui parcourt les couloirs de nos ambitions et attentes, est une danse complexe et souvent angoissante que beaucoup d'entre nous exécutent dans nos vies. C'est une danse qui commence par le désir noble d'atteindre l'excellence, mais qui peut rapidement devenir un piège émotionnel, nous emprisonnant dans un cycle implacable d'anxiété.

Au cœur de cette quête se trouve le perfectionnisme, un attribut qui peut être à la fois un ami et un ennemi. Dans sa forme la plus noble, le perfectionnisme peut nous motiver à rechercher le meilleur en nous-mêmes, à aspirer à la maîtrise et à améliorer nos compétences. Cependant, dans sa forme la plus contraignante, il devient une camisole de force qui étouffe l'acceptation de soi, qui nous retient en otage de normes impossiblement élevées et nous plonge dans un océan d'anxiété.

Ce chapitre est une exploration approfondie de cette interconnexion entre l'anxiété et le perfectionnisme. Nous allons dévoiler les racines de ce désir insatiable de perfection et comment il est souvent le précurseur silencieux de l'anxiété qui nous hante. Nous examinerons les origines profondes, les schémas de pensée qui le nourrissent et les pièges émotionnels qui nous capturent lorsque nous nous efforçons implacablement vers l'excellence.

Alors que nous plongeons dans cette exploration, nous aborderons des stratégies efficaces pour affronter et rediriger le perfectionnisme d'une manière plus saine. Apprenons à danser avec la recherche de l'excellence sans nous perdre dans la chorégraphie de l'anxiété. Après tout, il est possible de rechercher la maîtrise sans sacrifier notre santé mentale. Il est possible de redéfinir la signification de la perfection en embrassant notre humanité et en célébrant le progrès plutôt que la perfection.

LA RELATION ENTRE LA RECHERCHE DE LA PERFECTION ET L'ANXIÉTÉ

La relation entre la recherche de la perfection et l'anxiété est une interaction complexe et souvent conflictuelle entre nos désirs d'atteindre des normes élevées et la pression psychologique que cette quête exerce sur nous. Explorons plus en profondeur cette relation en révélant les mécanismes psychologiques qui la nourrissent.

Idéalisation et pression interne

L'idéalisation commence par la création d'une norme idéale dans nos esprits, souvent inatteignable et irréaliste. Nous imaginons la personne parfaite que nous voulons être, les objectifs parfaits que nous voulons atteindre et la vie parfaite que nous voulons mener.

Cette vision idéalisée crée une pression interne écrasante. Nous ressentons un besoin intense de respecter ces normes à tout prix, ce qui peut conduire à une anxiété constante. Plus nous nous efforçons d'atteindre cette perfection imaginaire, plus nous devenons anxieux. La peur constante de ne pas être à la hauteur de ces attentes inaccessibles nous hante quotidiennement.

Cette pression interne peut entraîner diverses conséquences pour notre santé mentale. Depuis des niveaux élevés de stress et d'anxiété jusqu'aux sentiments d'inadéquation et de faible estime de soi. La lutte constante pour répondre à ces normes peut affecter notre bonheur et notre satisfaction dans la vie.

Pour lutter contre ce piège de l'idéalisation et de la pression interne, il est essentiel de développer une perspective plus réaliste et bienveillante envers nous-mêmes. Cela inclut l'acceptation de nos imperfections et la compréhension que le progrès est plus important que la perfection. Apprendre à valoriser nos parcours et réalisations, aussi modestes soient-elles, est essentiel pour alléger cette pression implacable et vivre une vie plus équilibrée et heureuse.

Peur du jugement et du rejet social

Le perfectionnisme a souvent ses racines dans la crainte du jugement négatif des autres. Dans une société où l'image que nous projetons est hautement valorisée, tout écart par rapport à cette image idéalisée est souvent perçu comme un échec.

Cette peur constante d'être évalué et critiqué par les autres peut conduire à une anxiété paralysante. La crainte de ne pas répondre aux attentes de la société ou d'être perçu comme moins que parfait peut nous empêcher d'agir de manière authentique. Nous pouvons ressentir une pression écrasante pour cacher nos imperfections et nos insécurités, ce qui entraîne une représentation distordue de nous-mêmes.

Cette anxiété liée au jugement social peut avoir un impact profond sur notre santé mentale. Elle peut entraîner un cycle vicieux d'exigences envers soi-même, où nous cherchons à respecter des normes inatteignables pour éviter le jugement des autres. Cela peut, à son tour, augmenter les niveaux de stress et d'anxiété, nuisant à notre estime de soi et à notre bien-être émotionnel.

Pour surmonter cette peur paralysante, il est essentiel de travailler sur l'acceptation de notre authenticité. Cela implique de valoriser notre véritable essence, y compris nos failles et imperfections, et de reconnaître qu'il est impossible de plaire à tout le monde. Développer la confiance en soi et apprendre à ne pas dépendre excessivement de la validation externe sont des étapes cruciales pour rompre avec le cycle de la peur du jugement et du rejet social.

Exigence envers soi-même

L'exigence envers soi-même est la recherche constante de la perfection, le besoin d'atteindre des objectifs ambitieux et d'être impeccable dans tout ce que nous faisons. Ce désir d'excellence peut se transformer en une source d'anxiété considérable.

En établissant des normes très élevées, nous créons une pression interne constante pour atteindre ces attentes élevées. Nous voulons être les meilleurs, tant sur le plan professionnel que personnel, et souvent, nous ne nous permettons pas d'échouer ou de commettre des erreurs. Cette rigidité envers nous-mêmes peut conduire à un niveau de stress et d'anxiété excessif.

La peur de ne pas atteindre nos propres attentes peut devenir une source paralysante d'anxiété. Nous ressentons une pression constante pour être parfaits et, lorsque nous ne réalisons pas cet idéal, nous pouvons nous sentir inadéquats et insuffisants. Ce cycle d'exigence envers soi-même et d'anxiété peut être très préjudiciable pour notre santé mentale.

Pour faire face à cette exigence envers soi-même et à ses impacts sur l'anxiété, il est essentiel de réévaluer et d'ajuster nos attentes. Nous devons apprendre à être compatissants envers nous-mêmes, en acceptant que nous sommes humains et donc sujets à des échecs et imperfections. Il est important d'établir des objectifs réalistes et atteignables, en reconnaissant que le progrès est plus important que la perfection.

De plus, développer une mentalité de croissance, dans laquelle nous voyons les défis comme des opportunités d'apprentissage et de développement, peut nous aider à faire face à l'exigence envers soi-même de manière plus saine. Chercher le soutien d'un professionnel de la santé mentale peut également être essentiel pour apprendre des stratégies efficaces pour gérer l'exigence envers soi-même et réduire l'anxiété qui y est associée.

Comparaison et compétition effrénée

La comparaison constante avec les autres et la compétition effrénée peuvent avoir des effets significatifs sur notre santé mentale et émotionnelle. L'ère numérique et la prolifération des réseaux sociaux ont créé un nouveau contexte où les gens partagent leurs réalisations, leurs voyages, leurs succès professionnels et les aspects positifs de leur vie de manière publique. L'exposition constante à ces informations peut créer une pression pour que nous atteignions également ces normes ou dépassions les réalisations des autres.

Le fait de se comparer aux autres est naturel et, dans de nombreux cas, peut nous pousser à nous efforcer d'atteindre nos objectifs. Cependant, lorsque cette comparaison devient obsessionnelle et constante, elle peut entraîner des niveaux élevés d'anxiété et de stress. Nous mesurons notre propre valeur et succès selon les normes que nous observons chez les autres, oubliant souvent que chaque personne a son propre parcours et des circonstances uniques.

La compétition effrénée découle de cette comparaison constante, où nous ressentons le besoin non seulement de suivre les autres, mais de les surpasser. Cela peut entraîner un cycle de surmenage, d'anxiété et parfois d'épuisement émotionnel. Le besoin de se démarquer et d'être perçu comme réussi dans la société peut contribuer à un sentiment constant d'inadéquation et d'anxiété.

Pour faire face à ce schéma, il est essentiel de pratiquer la conscience et l'acceptation que chaque personne a son propre parcours et ses propres défis. Il est important de reconnaître que les réussites des autres ne diminuent pas nos propres réalisations. Se concentrer sur des objectifs personnels réalistes et valoriser le progrès individuel peut aider à alléger la pression de la comparaison et de la compétition effrénée.

De plus, limiter l'exposition aux réseaux sociaux et cultiver une mentalité de gratitude pour ce que nous avons accompli peut contribuer à un meilleur équilibre émotionnel. Chercher le soutien d'un professionnel de la santé mentale peut également être utile pour développer des stratégies efficaces pour faire face à l'anxiété générée par cette comparaison constante et cette compétition effrénée dans la société actuelle.

Sensation de manque de contrôle

L'aspiration à la perfection est souvent enracinée dans la croyance illusoire que si nous pouvons contrôler chaque variable de nos vies et atteindre des normes idéales, nous aurons une vie parfaitement sous contrôle. L'illusion est que, en atteignant cette perfection, nous serons immunisés contre les revers, les échecs ou les situations imprévues.

Cependant, la réalité est que nous ne pouvons pas contrôler tous les aspects de la vie. La vie est intrinsèquement incertaine et imparfaite. Les événements inattendus, les changements de circonstances et les défis imprévus font partie intégrante de l'existence humaine. La sensation de manque de contrôle survient lorsque nous réalisons l'inévitabilité et l'imprévisibilité de la vie, même lorsque nous nous efforçons d'atteindre la perfection.

Cette quête effrénée de la perfection est souvent une tentative de compenser ce sentiment de manque de contrôle perçu. Nous croyons à tort qu'en atteignant un état de perfection dans différents domaines de nos vies, nous pourrons maîtriser toutes les éventualités et nous assurer que tout se passe comme prévu. Cette illusion crée une pression insupportable pour atteindre des normes inatteignables.

La sensation de manque de contrôle, alimentée par la recherche de la perfection, peut entraîner de hauts niveaux d'anxiété. La peur de perdre le contrôle, de ne pas atteindre les normes établies et de faire face à des échecs peut devenir débilitante. L'anxiété découle de la tentative constante d'anticiper et d'atténuer tous les revers possibles, ce qui est impossible à faire dans un monde complexe et imprévisible.

Faire face à cette sensation de manque de contrôle nécessite un changement de mentalité. Il est important d'accepter la nature imprévisible de la vie et d'apprendre à tolérer l'incertitude. Accepter que nous ne pouvons pas tout contrôler est une étape cruciale pour soulager l'anxiété associée à la quête de la perfection. Apprendre à s'adapter et à faire face à l'inattendu de manière saine et équilibrée peut favoriser une meilleure santé mentale et émotionnelle.

L'interaction entre la recherche de la perfection et l'anxiété est un cycle d'attentes élevées, de peur constante de l'échec, d'auto-exigence, de comparaison incessante et d'un sentiment que ce n'est jamais assez. Il est crucial de reconnaître que la perfection est un mirage inatteignable et, au lieu de cela, viser l'excellence, le progrès et l'authenticité. Accepter nos imperfections et valoriser le voyage est une étape cruciale pour soulager l'anxiété qui découle de cette quête incessante de la perfection.

STRATEGIES POUR FAIRE FACE AU BESOIN D'ETRE PARFAIT ET A SES LIENS AVEC L'ANXIETE

Faire face au besoin d'être parfait et à ses connexions avec l'anxiété est un processus difficile, mais il est essentiel pour promouvoir le bien-être mental et émotionnel. Explorons des stratégies pratiques et efficaces pour affronter ce schéma de perfectionnisme et soulager l'anxiété qui y est associée.

Identification et conscience

La première étape est de reconnaître que vous êtes pris dans le cycle du perfectionnisme et de l'anxiété qu'il génère. Soyez conscient des normes strictes que vous vous imposez et des pressions que vous ressentez pour être parfait dans tous les aspects de la vie. La prise de conscience de soi est le point de départ crucial pour le changement.

Pratiquer l'acceptation de l'imperfection

Accepter que la perfection est un objectif irréaliste et qu'il est naturel de faire des erreurs est la première étape pour soulager l'anxiété associée au perfectionnisme. Embrasser nos imperfections nous permet de vivre avec moins de pression et de jugement constants. Voici quelques considérations supplémentaires:

Humanité partagée: Rappelez-vous que tout le monde, sans exception, fait des erreurs et rencontre des défis. L'imperfection fait partie de l'expérience humaine.

Reconnaître cela peut aider à réduire la pression d'être parfait.

Reformulation des Erreurs: Au lieu de considérer les erreurs comme des échecs, considérez-les comme des opportunités de croissance. Chaque erreur contient des leçons précieuses qui peuvent améliorer vos performances futures.

Pratiquer l'auto-compassion

Au lieu de vous punir pour les erreurs ou les échecs, nous devons apprendre à nous traiter avec la même compassion et bienveillance que nous traiterions un ami. L'auto-compassion nous aide à éloigner l'anxiété qui découle de l'auto-exigence implacable. Voici quelques idées supplémentaires:

Auto-empathie: Cultiver l'auto-empathie consiste à se parler de la même manière que vous parleriez à un ami cher dans les moments difficiles. Au lieu de critiques sévères, offrez-vous des mots d'encouragement et de soutien.

Traitement avec Bienveillance: Rappelez-vous que vous méritez d'être traité avec gentillesse et respect, indépendamment de votre performance ou de vos réalisations. Nourrir une relation saine avec vous-même est essentiel pour réduire l'anxiété.

Se concentrer sur le processus, pas seulement sur le résultat

Plutôt que de vous concentrer de manière obsessionnelle uniquement sur le résultat final et sur les normes de perfection, il est important de valoriser le processus. Apprécier chaque étape et tirer des enseignements des expériences peut réduire l'anxiété associée au désir de perfection.

Mentalité de Croissance: Adoptez une mentalité de croissance, axée sur l'apprentissage continu et le développement personnel. Cela contribue à réduire la pression pour atteindre des résultats immédiats et parfaits.

Apprécier les Petites Victoires: En célébrant les petites victoires et les étapes franchies, vous reconnaissez le progrès, maintenez la motivation et réduisez l'anxiété liée au résultat final.

Établir des objectifs réalistes et atteignables

Il est vital de définir des objectifs réalistes, en tenant compte de nos compétences et de nos circonstances. Les objectifs réalisables nous permettent de progresser de manière saine et réaliste, réduisant ainsi l'anxiété liée à l'auto-exigence irrationnelle.

Objectifs SMART: Considérez l'utilisation de la méthode SMART (Spécifiques, Mesurables, Atteignables, Pertinents et Temporels) pour définir des objectifs clairs, réalisables et adaptés à votre réalité.

Évaluation régulière: Périodiquement, évaluez vos objectifs pour vous assurer qu'ils restent réalistes et pertinents, apportez des ajustements si nécessaire

Apprendre des erreurs

Voyez les erreurs et les échecs comme des opportunités d'apprentissage. Au lieu de désespérer lorsque vous faites une erreur, analysez-la objectivement, identifiez ce que vous pouvez apprendre et appliquez ces leçons dans le futur. Cette approche aide à réduire l'anxiété liée à la peur de l'échec.

Autoréflexion constructive: Approfondissez votre compréhension des erreurs en recherchant des modèles et des moyens de vous améliorer.

Mise en œuvre d'améliorations: Transformez l'apprentissage en action en ajustant vos approches pour atteindre une performance plus efficace.

Établir des limites saines

Apprenez à établir des limites réalistes pour vous-même. Reconnaissez vos capacités et sachez quand il est temps de vous reposer et de prendre soin de vous. Ne vous surchargez pas d'attentes excessives et de tâches interminables. Établir des limites saines peut aider à soulager l'anxiété découlant de la pression constante.

Priorisation: Identifiez vos priorités et concentrez-vous sur elles. Apprenez à dire non aux engagements qui ne contribuent pas à votre bien-être.

Temps pour le Bien-être: Réservez régulièrement du temps pour prendre soin de vous, que ce soit à travers des activités relaxantes, de l'exercice ou des passe-temps qui vous apportent de la joie.

Chercher l'aide professionnelle

Si le perfectionnisme et l'anxiété persistent, envisagez de consulter un professionnel de la santé mentale. Les thérapeutes spécialisés peuvent proposer des techniques spécifiques, telles que la thérapie cognitivo-comportementale (TCC), pour faire face au perfectionnisme et à ses liens avec l'anxiété.

Partenariat thérapeutique: Travaillez en collaboration avec un thérapeute pour comprendre et surmonter les normes perfectionnistes, favorisant ainsi la guérison et la croissance.

Pratiquer la pleine conscience et la détente

La pratique de la pleine conscience et de techniques de relaxation telles que la respiration consciente et la méditation peut aider à réduire l'anxiété liée au besoin d'être parfait. En se concentrant sur le présent et en calmant l'esprit, vous pouvez alléger la pression du perfectionnisme.

Exercices réguliers: Consacrez quotidiennement du temps à des exercices de pleine conscience, tels que la méditation, la respiration consciente ou le yoga. Cela aidera à apaiser l'esprit et à réduire l'anxiété.

Application au Quotidien: En plus des séances formelles de pleine conscience, pratiquez la pleine conscience dans des situations quotidiennes. Soyez présent dans le moment, au lieu de vous inquiéter de la perfection ou des résultats futurs.

Célébrer le progrès

Apprenez à célébrer le progrès, pas seulement le résultat final. Applaudissez chaque petite victoire et reconnaissez vos efforts. Cela contribue à maintenir une perspective positive et à réduire l'anxiété liée à la recherche de la perfection.

Récompenses symboliques: Créez des récompenses ou des rituels pour célébrer vos réalisations, aussi petites soient-elles. Cela renforce un sentiment d'accomplissement et encourage la poursuite du progrès.

Gratitude quotidienne: Pratiquez la gratitude en reconnaissant chaque jour les choses pour lesquelles vous êtes reconnaissant. Cela aide à cultiver une mentalité positive.

La quête incessante de la perfection est un voyage épuisant, un labyrinthe émotionnel qui nous emprisonne souvent dans des attentes inatteignables. Le perfectionnisme, avec ses racines profondes dans le désir d'être irréprochable, l'exigence excessive envers soi-même et la peur persistante de l'échec, est une source importante d'anxiété dans nos vies. Cette anxiété, alimentée par un désir implacable de perfection, peut éroder notre santé mentale, miner notre estime de soi et nous laisser anxieux face au jugement implacable des autres.

Dans le prochain chapitre, nous explorerons le territoire des impacts de l'anxiété sur notre santé mentale. Nous examinerons comment l'anxiété affecte nos esprits, nos émotions et notre bien-être général. Comprendre les ramifications de cette interaction complexe est une énorme étape pour cultiver une relation plus saine avec nos propres attentes, cherchant un équilibre entre la recherche de l'excellence et l'acceptation bienveillante de nos imperfections.

5

IMPACTS SUR LA SANTÉ MENTALE

*L'esprit est résilient; découvrez sa force
et transformez l'anxiété en empowerment.*

L'anxiété est un labyrinthe complexe d'émotions et de pensées qui, lorsqu'il n'est pas maîtrisé, peut avoir des effets significatifs sur notre santé mentale. C'est une réponse naturelle et adaptative face aux situations de stress, nous préparant à faire face aux défis imminents. Cependant, lorsque l'anxiété devient chronique et dépasse les limites du sain, elle se transforme en un obstacle qui peut nuire à la qualité de vie, affecter notre cognition, perturber nos émotions et même impacter nos relations.

Ce chapitre vise à explorer les méandres de cette relation complexe entre l'anxiété et la santé mentale. Ensemble, nous allons explorer les effets profonds et souvent insidieux que l'anxiété peut avoir sur notre bien-être psychologique à court et à long terme. Comprendre la nature de ces impacts est vital afin que nous puissions rechercher des traitements et des stratégies d'adaptation appropriés.

Dans ce contexte, ce chapitre vise non seulement à éduquer sur les impacts de l'anxiété sur la santé mentale, mais aussi à mettre en lumière les stratégies et les techniques qui peuvent aider à atténuer ces effets néfastes. Avoir un arsenal d'outils qui nous permettent de faire face à l'anxiété est essentiel pour mener une vie équilibrée et productive.

CONSÉQUENCES PSYCHOLOGIQUES DE L'ANXIÉTÉ

L'anxiété est une expérience universelle, une réponse naturelle du corps humain au stress et aux menaces perçues. Cependant, lorsque cette réponse devient chronique ou excessive, elle peut déclencher une série de conséquences psychologiques significatives. Nous allons explorer les implications de l'anxiété sur la santé mentale en examinant les troubles anxieux, la relation avec la dépression et le burn-out, ainsi que son impact sur l'estime de soi et la confiance.

Troubles anxieux

L'anxiété en elle-même n'est pas pathologique; en fait, c'est une partie essentielle de l'expérience humaine. Cependant, lorsque l'anxiété devient intense et persistante, elle peut évoluer vers des troubles anxieux cliniquement significatifs. Les troubles anxieux se caractérisent par des inquiétudes et des peurs excessives, accompagnées de symptômes physiques et psychologiques.

Trouble d'Anxiété Généralisée (TAG): Les personnes atteintes de TAG éprouvent une anxiété chronique et une préoccupation constante à l'égard de divers aspects de la vie, tels que le travail, la santé, la famille et les relations. Ces préoccupations sont difficiles à contrôler et peuvent entraîner des symptômes physiques tels que tension musculaire et insomnie.

Trouble de Panique: Le trouble de panique se caractérise par des attaques soudaines et intenses d'anxiété, appelées attaques de panique. Ces épisodes peuvent être si terrifiants que la personne peut craindre d'en avoir une autre, entraînant un cycle d'anxiété constante.

Trouble de Stress Post-Traumatique (TSPT): Le TSPT survient après une exposition à des événements traumatisants, tels que des accidents, des abus ou des situations de violence. Les symptômes incluent des cauchemars, des flashbacks et une hypervigilance, ainsi qu'une anxiété intense.

Phobies: Les phobies sont des peurs intenses et irrationnelles d'objets, de situations ou d'animaux spécifiques. L'exposition à ces déclencheurs déclenche une anxiété extrême, conduisant à éviter ces situations à tout prix.

Trouble Obsessionnel-Compulsif (TOC): Le TOC se caractérise par des pensées intrusives et indésirables (obsessions) qui conduisent à des comportements répétitifs et des rituels (compulsions) visant à soulager l'anxiété. Ces actions peuvent prendre beaucoup de temps et d'énergie.

Trouble d'Anxiété Sociale (phobie sociale): La phobie sociale implique une peur intense du jugement ou de l'humiliation dans les situations sociales. Cela peut conduire à éviter les interactions sociales, ce qui peut avoir un impact significatif sur la vie personnelle et professionnelle.

Dépression et anxiété

La relation entre l'anxiété et la dépression est complexe et souvent bidirectionnelle. De nombreuses personnes atteintes de troubles anxieux présentent également des symptômes dépressifs, et vice versa. Cela s'appelle comorbidité, où deux ou plusieurs conditions de santé mentale coexistent chez une personne.

L'anxiété et la dépression partagent des symptômes communs tels que des difficultés à dormir, de la fatigue, de l'irritabilité et des difficultés de concentration. Ces chevauchements peuvent rendre le diagnostic et le traitement plus difficiles. Lorsque l'anxiété et la dépression surviennent ensemble, elles peuvent être plus handicapantes que lorsqu'elles surviennent séparément.

L'inquiétude excessive et le ruminement, caractéristiques de l'anxiété, peuvent entraîner des pensées négatives et du pessimisme, contribuant aux symptômes dépressifs. De plus, l'isolement social résultant de l'anxiété peut augmenter le risque de développer une dépression.

Burn-out

Le burn-out est un état d'épuisement physique et émotionnel dû au stress chronique, souvent lié au travail. Bien que ce ne soit pas un trouble anxieux en soi, il existe un chevauchement significatif entre l'anxiété et le burn-out. Les personnes atteintes de burn-out éprouvent souvent de l'anxiété en raison de la surcharge et de la pression constantes.

Les symptômes du burn-out comprennent l'épuisement, le cynisme à l'égard du travail, la réduction des performances et des symptômes physiques tels que les maux de tête et l'insomnie. L'anxiété peut survenir en réponse au stress prolongé associé au burn-out, entraînant une sensation écrasante de surcharge.

Cycle destructeur: Anxiété, dépression et burn-out

Ces conditions - anxiété, dépression et syndrome de burn-out - peuvent créer un cycle destructeur. L'anxiété peut conduire à l'épuisement et à la fatigue chronique, déclenchant ou aggravant les symptômes dépressifs. À son tour, la dépression peut augmenter l'anxiété, créant un cycle qui affaiblit la santé mentale et physique.

Ce cycle peut rendre les activités quotidiennes difficiles et miner la qualité de vie d'une personne. Les responsabilités professionnelles, les interactions sociales et même les tâches les plus simples peuvent sembler écrasantes, conduisant à une spirale descendante de détérioration de l'état mental.

Face à cette interconnexion complexe entre l'anxiété, la dépression et le burn-out, il est crucial de chercher une aide professionnelle pour un diagnostic et un traitement appropriés. Un plan de traitement intégré qui aborde non seulement les symptômes, mais aussi les causes sous-jacentes, peut être très efficace.

Les thérapies cognitivo-comportementales (TCC) sont souvent utilisées pour traiter les troubles d'anxiété et de dépression. Elles aident les individus à identifier et à modifier les schémas de pensée négatifs et les comportements dysfonctionnels, favorisant des compétences d'adaptation saines.

De plus, les stratégies de gestion du stress, les pratiques de relaxation, les changements de mode de vie et le soutien émotionnel sont des composants essentiels du traitement. S'engager dans des activités qui apportent du plaisir et du sens, comme les passe-temps ou les activités sociales, peut également contribuer à la guérison.

COMMENT L'ANXIÉTÉ AFFECTE L'ESTIME DE SOI ET LA CONFIANCE

La relation entre l'anxiété, l'estime de soi et la confiance est une toile complexe d'interactions psychologiques qui façonnent notre perception de nous-mêmes et notre place dans le monde. L'anxiété peut avoir un impact profond et durable sur l'estime de soi et la confiance, affectant notre vision de nous-mêmes et notre relation avec les autres. Explorons plus en détail comment l'anxiété affecte ces aspects cruciaux de notre santé mentale et de notre bien-être.

Auto-critique excessive et érosion de l'estime de soi

L'anxiété crée un terrain propice à l'auto-critique impitoyable. Nous vivons constamment dans un état d'alerte élevé, évaluant chaque action, chaque mot ou chaque décision que nous prenons, à la recherche de tout signe d'échec ou d'insuffisance. Ce modèle d'auto-critique constante mine progressivement notre estime de soi, devenant une voix intérieure cruelle amplifiant chaque erreur, aussi petite soit-elle, les transformant en preuves de notre prétendue inaptitude.

L'auto-critique et l'anxiété forment un dangereux cercle vicieux. L'anxiété conduit à l'auto-critique car nous devenons excessivement conscients et préoccupés par la possibilité de commettre des erreurs. L'auto-critique, à son tour, augmente l'anxiété, générant davantage de peur de l'échec. Ce cycle destructeur peut entraîner un déclin progressif de l'estime de soi et de la confiance en soi.

L'auto-critique constante et l'érosion de l'estime de soi qui en résulte ont un impact profond dans tous les domaines de nos vies. Cela affecte notre performance au travail, sapant la confiance en nos capacités et compétences. Dans les relations personnelles, la faible estime de soi peut créer des barrières à l'intimité et à une véritable connexion. Cette érosion de l'estime de soi s'étend à notre vision de nous-mêmes, façonnant nos identités et notre sentiment de valeur propre.

Le parcours pour surmonter l'auto-critique est un voyage vers l'acceptation de soi, l'amour-propre et la construction d'une estime de soi saine. C'est une étape cruciale pour profiter d'une vie pleine et gratifiante.

Insécurité: La graine du doute

L'anxiété trouve souvent son origine dans l'insécurité, une graine insidieuse de doute plantée profondément dans notre psyché. Le sentiment persistant de ne pas être assez bon ou de ne pas avoir les capacités nécessaires pour faire face aux défis de la vie est un terrain fertile pour l'anxiété. Explorons davantage ce sujet et ses implications.

L'insécurité peut provenir de diverses sources, telles que les expériences passées d'échec, le rejet, les traumatismes, une éducation stricte ou des normes sociales inatteignables. Ces expériences façonnent notre perception de nous-mêmes et du monde qui nous entoure, nous amenant à douter de notre compétence.

Cette insécurité, lorsqu'elle n'est pas abordée, alimente l'anxiété. Même lorsque nous réussissons et recevons une validation externe, l'insécurité persiste, créant un cycle néfaste. L'anxiété nous fait craindre que les autres découvrent notre prétendue inadéquation, générant plus d'insécurité et d'anxiété.

L'insécurité mine notre confiance en nos capacités et compétences. Elle nous empêche de prendre des risques et de nous défier, limitant notre croissance personnelle et professionnelle. Ce manque de confiance en soi peut saboter les relations, les carrières et les objectifs de vie, entraînant une estime de soi altérée.

Surmonter l'insécurité est une étape essentielle pour briser le cycle de l'anxiété. En cultivant une mentalité positive et en apprenant à avoir confiance en nos compétences, nous pouvons non seulement soulager l'anxiété, mais aussi mener une vie plus épanouissante et gratifiante.

La peur du jugement et la prison de l'inauthenticité

L'anxiété sociale est un défi significatif pour beaucoup de gens, où la peur du jugement des autres devient une réalité quotidienne. Dans ce contexte, les interactions sociales, quelque chose qui devrait être naturel et confortable, deviennent des sources intenses de stress. Explorons plus en profondeur cette dynamique et comment elle affecte notre authenticité et notre estime de soi.

L'anxiété sociale a souvent des racines profondes dans les expériences passées, les traumatismes, le harcèlement ou même le manque d'expérience sociale. Elle peut se manifester comme la peur de parler en public, d'interagir lors de réunions ou même dans des situations sociales plus informelles.

La peur du jugement des autres crée un cycle vicieux. Elle commence par l'anticipation anxieuse d'une interaction sociale, suivie de peurs intenses pendant l'interaction et se termine souvent par une analyse excessive post-événement, où nous réévaluons chaque détail de l'interaction, souvent de manière négative.

Cette peur constante du jugement nous pousse à créer des masques et des façades pour nous protéger. Au lieu d'être authentiques et d'exprimer qui nous sommes vraiment, nous jouons un rôle pour éviter le jugement. Cela érode notre estime de soi, car nous vivons constamment une version déformée de nous-mêmes.

Surmonter la peur du jugement nécessite du temps, de la patience et des efforts continus. En travaillant sur l'acceptation de qui nous sommes, en défiant nos peurs et en cherchant du soutien lorsque c'est nécessaire, nous pouvons nous libérer de la prison de l'inauthenticité et vivre de manière plus authentique, améliorant notre estime de soi et notre bien-être émotionnel.

Éviter les défis et l'érosion de la confiance en soi

L'anxiété nous pousse souvent à éviter les situations que nous percevons comme difficiles ou inconfortables. Bien que cette évitement procure un soulagement temporaire de l'inconfort, à long terme, il sape notre confiance en nous et entrave notre développement personnel. Explorons davantage cette dynamique et explorons des stratégies pour surmonter le cycle de l'évitement des défis.

L'évitement est une stratégie courante pour faire face à l'anxiété. C'est une réaction naturelle pour éviter l'inconfort émotionnel que les situations difficiles peuvent apporter. Cependant, cet évitement constant nous empêche de faire face et de surmonter nos peurs et défis.

En évitant les défis, nous perdons des opportunités précieuses de croissance personnelle et professionnelle. Cela contribue à l'érosion de la confiance en soi, car nous n'affrontons jamais et ne surmontons pas ces obstacles pour prouver notre capacité à les surmonter.

L'évitement crée un cycle néfaste. Nous évitons une situation difficile, ce qui nous apporte un soulagement temporaire de l'anxiété. Cependant, cet évitement renforce notre croyance que nous ne sommes pas capables de faire face à cette situation, sapant encore plus notre confiance en nous.

L'évitement des défis, bien qu'il puisse apporter un réconfort temporaire, a un coût à long terme pour notre confiance en nous et notre croissance personnelle. En affrontant nos peurs et défis de front, même progressivement, nous pouvons reconstruire notre confiance en nous, apprendre et grandir. Gardez à l'esprit que c'est à travers les défis que nous grandissons et devenons la meilleure version de nous-mêmes.

Pensées catastrophiques et érosion de l'estime de soi

L'anxiété est souvent liée à un récit mental négatif et déformé, aboutissant à des pensées catastrophiques. Ces pensées exagérées et excessivement négatives anticipent les pires scénarios dans diverses situations, entraînant une dégradation de l'estime de soi. Explorons plus en profondeur cette dynamique et cherchons des moyens d'inverser ce schéma.

Les pensées catastrophiques sont des distorsions cognitives qui amplifient le côté négatif des circonstances et minimisent le positif. Elles tendent à être irrationnelles, exagérées et non basées sur des faits réels.

Ces pensées constantes de désastre sapent notre estime de soi, car elles nous convainquent de notre prétendue incapacité à surmonter les défis auxquels nous sommes confrontés. En nous persuadant que le pire est toujours sur le point de se produire, nous perdons confiance en nos compétences et capacités.

Les pensées catastrophiques déclenchent une cascade d'anxiété et de peur, entraînant davantage de pensées négatives et d'auto-évaluation préjudiciable. Cela forme un cycle vicieux qui affecte notre perception de nous-mêmes et de notre potentiel.

Les pensées catastrophiques sont comme des entraves qui retiennent notre estime de soi et notre confiance en nous. Les défier et cultiver une attitude positive peuvent aider à reconstruire notre image de soi et à nous permettre de relever les défis de la vie avec courage et résilience. Prenez conscience que vous êtes plus fort que vos pensées négatives.

EFFETS A LONG TERME DE L'ANXIETE SUR NOTRE SANTE MENTALE

L'anxiété, lorsqu'elle persiste et n'est pas gérée sur le long terme, peut entraîner une série d'impacts significatifs sur notre santé mentale. Ces effets à long terme peuvent altérer notre qualité de vie, notre fonctionnement quotidien et nos relations interpersonnelles, se manifestant de plusieurs manières:

Troubles anxieux chroniques

L'anxiété, lorsqu'elle persiste et n'est pas gérée sur le long terme, peut évoluer vers une gamme de troubles anxieux chroniques, chacun avec ses propres caractéristiques et impacts sur la vie quotidienne. Ces troubles peuvent être véritablement débilitants, affectant à la fois la qualité de vie et la capacité à profiter pleinement des expériences et des interactions sociales.

Trouble d'Anxiété Généralisée (TAG): Ce trouble est caractérisé par des inquiétudes chroniques et excessives concernant diverses situations de la vie quotidienne. Les personnes atteintes de TAG ont souvent du mal à contrôler leurs inquiétudes et peuvent ressentir une anxiété constante, même en l'absence de menace imminente. Cela peut avoir un impact négatif sur leur performance au travail, leurs relations interpersonnelles et leur santé physique.

Trouble de Panique: Les personnes atteintes de trouble de panique vivent des attaques de panique soudaines et intenses, accompagnées d'une sensation écrasante de peur et de terreur, même en l'absence de menace réelle. Ces attaques peuvent conduire à une préoccupation persistante sur quand se produira la prochaine attaque, entraînant l'évitement des endroits ou des situations où les attaques pourraient survenir.

Trouble de Stress Post-Traumatique (TSPT): Le TSPT est une réponse prolongée et intense à un événement traumatique, tel que l'abus, les accidents ou les expériences de combat. Les symptômes incluent des flashbacks, des cauchemars, de l'hypervigilance et l'évitement des déclencheurs liés au traumatisme. Cela peut avoir un impact profond sur la qualité de vie et la capacité à s'engager dans des activités quotidiennes.

Phobies Spécifiques: Les phobies sont des peurs intenses et irrationnelles d'objets, d'animaux, de situations ou d'activités spécifiques. Ces peurs peuvent être si invalidantes qu'elles conduisent à un évitement extrême de l'objet ou de la situation redoutée, interférant ainsi avec les activités quotidiennes et le bonheur général.

Trouble Obsessionnel-Compulsif (TOC): Le TOC est caractérisé par des obsessions, des pensées répétitives et indésirables, souvent accompagnées de comportements compulsifs visant à soulager l'anxiété générée par les obsessions. Ces rituels compulsifs peuvent prendre beaucoup de temps et perturber le fonctionnement quotidien.

Ces troubles anxieux chroniques affectent non seulement la santé mentale, mais ont également un impact considérable sur le fonctionnement quotidien et les interactions sociales. Il est crucial de rechercher une aide professionnelle pour l'évaluation, le diagnostic adéquat et le traitement, qui peut inclure la thérapie, la médication et des stratégies d'adaptation pour gérer efficacement ces troubles et améliorer la qualité de vie. La sensibilisation à ces troubles est essentielle pour réduire la stigmatisation et encourager ceux qui souffrent à rechercher de l'aide et du soutien.

Dépression

L'anxiété prolongée porte non seulement le fardeau de sa propre détresse, mais peut déclencher ou intensifier la dépression, une condition mentale grave qui affecte largement notre vie émotionnelle, cognitive et comportementale.

Début et Progression: L'anxiété chronique peut servir de terreau fertile pour le développement de la dépression. L'inquiétude constante, le sentiment d'impuissance et l'appréhension incessante peuvent graduellement miner notre résilience émotionnelle, conduisant à un état de tristesse persistante et de désespoir.

Symptômes Amplifiés: La présence simultanée d'anxiété et de dépression amplifie souvent les symptômes des deux conditions. Les pensées intrusives et les inquiétudes excessives de l'anxiété se mêlent à la tristesse profonde, entraînant une charge émotionnelle accablante. L'épuisement physique et mental devient également plus prononcé.

Désespoir et Impuissance: L'anxiété prolongée peut éroder notre capacité à voir une lumière au bout du tunnel. La lutte incessante contre l'anxiété peut nous laisser avec le sentiment qu'il n'y a pas de solution, contribuant au désespoir, un élément clé de la dépression.

Isolement et Retrait: L'anxiété peut nous amener à nous retirer du monde, à éviter les situations sociales et même les activités quotidiennes. Ce retrait social peut approfondir les sentiments de solitude et d'impuissance, alimentant ainsi la dépression.

Difficultés de Fonctionnement Quotidien: L'anxiété et la dépression combinées peuvent entraver notre capacité à fonctionner efficacement au travail, à l'école ou dans nos responsabilités quotidiennes. Le manque de concentration, la fatigue et le sentiment de surcharge émotionnelle deviennent des obstacles significatifs.

Réponse au Traitement: Le traitement de la dépression chez les personnes qui souffrent également d'anxiété peut être plus complexe. Souvent, le traitement doit aborder à la fois l'anxiété et la dépression de manière intégrée, avec la thérapie et, dans certains cas, la médication.

Importance du Soutien: Le soutien social et émotionnel est crucial pour les personnes qui font face à cette double bataille. Avoir un réseau de soutien compréhensif et solidaire peut faire une différence significative dans le processus de récupération.

Il est essentiel de comprendre que la dépression déclenchée par l'anxiété prolongée n'est pas un signe de faiblesse ou d'échec personnel. Chercher de l'aide auprès d'un professionnel de la santé mentale est vital pour obtenir le bon diagnostic et un plan de traitement complet. La sensibilisation et la compréhension de ces interactions complexes entre l'anxiété et la dépression sont fondamentales pour promouvoir la compassion et l'empathie, ainsi que pour développer des stratégies efficaces de prévention et d'intervention précoce.

Isolement social

L'isolement social, souvent déclenché par l'anxiété chronique, crée un cycle d'impact négatif qui affecte à la fois notre santé mentale et notre qualité de vie de manière significative.

Genèse de l'isolement: L'anxiété chronique peut nous pousser à nous retirer des interactions sociales. Les situations sociales peuvent être perçues comme menaçantes, ce qui nous pousse à éviter les événements sociaux, les rencontres avec les gens ou même les activités quotidiennes. Ce comportement d'évitement est une tentative d'échapper à l'inconfort provoqué par l'anxiété sociale.

Évitement et réduction des opportunités: L'évitement prolongé et constant des interactions sociales peut réduire nos opportunités de croissance, d'apprentissage et de liens significatifs. Les interactions sociales sont cruciales pour notre développement personnel et émotionnel, et l'isolement peut nous priver de ces opportunités.

Aggravation de l'anxiété: L'isolement peut aggraver notre anxiété, créant un cycle vicieux. La solitude peut augmenter nos sentiments d'inadéquation et renforcer la croyance que nous ne sommes pas capables d'interagir socialement. Cela amplifie à son tour l'anxiété lors de nouvelles situations sociales.

Menace pour la santé mentale: L'isolement prolongé peut entraîner un déclin significatif de notre santé mentale. La solitude peut déclencher des sentiments de tristesse, de dépression et de désespoir, ayant un impact négatif sur notre bien-être émotionnel.

Difficulté à établir des relations: L'isolement social peut nuire à nos compétences pour établir et maintenir des relations saines. Le manque de pratique dans les interactions sociales peut nous rendre mal à l'aise dans les situations sociales, rendant plus difficile l'établissement de liens significatifs.

Rompre le cycle: Pour rompre ce cycle, il est essentiel de rechercher du soutien et de l'aide professionnelle. Les thérapeutes peuvent proposer des stratégies pour surmonter l'anxiété sociale et se réintégrer progressivement dans la vie sociale. De plus, participer à des groupes de soutien peut créer un sentiment de communauté et de compréhension.

Stratégies pour la réintégration sociale: Commencer par de petites interactions sociales et les élargir progressivement peut aider à la réintégration sociale. Établir des objectifs réalistes et célébrer les progrès, même petits, est essentiel pour gagner en confiance.

Créer un réseau de soutien: Investir dans des relations significatives avec des amis, des membres de la famille ou des groupes d'intérêts communs peut être un moyen de rompre le cycle de l'isolement. Partager nos expériences et nos émotions avec d'autres personnes peut soulager l'anxiété.

L'isolement social est un défi sérieux et complexe, et reconnaître son lien avec l'anxiété est une étape cruciale pour trouver des solutions efficaces. Chercher un soutien professionnel et adopter des stratégies progressives pour se réintégrer socialement peut aider à reconstruire notre confiance et à établir des liens sociaux significatifs.

Problèmes de concentration et de mémoire

L'anxiété chronique, avec son activité mentale constante et ses préoccupations incessantes, peut avoir des effets préjudiciables sur notre capacité de concentration et de mémoire, impactant divers aspects de notre vie.

La Charge Mentale et Ses Effets: L'anxiété chronique peut entraîner une charge mentale constante. Les préoccupations persistantes et les pensées intrusives peuvent rendre difficile le maintien de l'attention sur une tâche spécifique. Cette surcharge mentale compromet notre capacité à nous concentrer de manière adéquate.

Anxiété et Performance Cognitive: L'anxiété chronique peut affecter négativement la performance cognitive. La capacité à traiter les informations, à raisonner, à apprendre et à se souvenir peut être altérée lorsque notre esprit est constamment accaparé par des inquiétudes et des angoisses.

Impact sur les Activités Quotidiennes: Les difficultés de concentration et le manque de mémoire efficace peuvent avoir un impact sur nos activités quotidiennes, des tâches simples aux engagements professionnels et académiques. Cela peut entraîner un sentiment d'inadéquation et de frustration, alimentant davantage l'anxiété.

Effet sur la Productivité au Travail et aux Études: Dans le cadre professionnel ou académique, l'anxiété chronique peut nuire à notre productivité. La capacité à se concentrer sur des tâches spécifiques et à retenir des informations essentielles peut être compromise, impactant nos résultats et notre performance.

Interférence dans les Relations: Le manque de concentration et les problèmes de mémoire peuvent interférer dans les relations. Oublier des dates importantes, des engagements ou des détails peut entraîner des malentendus et des conflits, affectant la qualité de nos relations personnelles et professionnelles.

Recherche de Solutions: Pour lutter contre ces problèmes, il est essentiel de gérer l'anxiété de manière efficace. Les pratiques de réduction du stress, telles que la méditation et les exercices de respiration, peuvent aider à apaiser l'esprit et à améliorer la concentration. De plus, la thérapie cognitivo-comportementale (TCC) peut être une approche efficace pour traiter l'anxiété et ses effets cognitifs.

Habitudes Saines: Maintenir des habitudes saines, comme une alimentation équilibrée, des exercices physiques réguliers et un sommeil adéquat, peut améliorer notre capacité cognitive. Ces habitudes contribuent à la santé mentale et physique, aidant à réduire l'anxiété et à améliorer la concentration et la mémoire.

Gestion du Temps et Organisation: Développer des compétences en gestion du temps et en organisation peut aider à faire face à la surcharge mentale. Établir des priorités, dresser des listes de tâches et diviser de grands projets en parties plus petites peuvent faciliter la concentration et l'exécution efficace des activités.

L'anxiété chronique peut avoir des effets préjudiciables sur notre capacité de concentration et de mémoire, affectant la qualité de notre vie quotidienne, notre performance académique et professionnelle, ainsi que nos relations personnelles. Une approche efficace pour gérer l'anxiété peut aider à atténuer ces impacts et à améliorer notre fonction cognitive.

Irritabilité et changements d'humeur

L'anxiété prolongée n'affecte pas seulement notre esprit, mais aussi nos émotions et comportements, se traduisant souvent par de l'irritabilité et des changements fréquents d'humeur. Ces aspects émotionnels sont le reflet de l'état constant d'alerte et de tension auquel nous sommes soumis lorsque nous faisons face à l'anxiété chronique.

Réactions Amplifiées: L'anxiété peut conduire à des réactions émotionnelles amplifiées. Les situations stressantes que nous pourrions normalement gérer peuvent déclencher des réponses disproportionnées, entraînant des explosions de colère, de frustration et d'irritation plus intenses que prévu.

Tolérance Réduite à la Frustration: En raison de la surcharge mentale, les personnes anxieuses ont souvent une tolérance moindre à la frustration. Les situations quotidiennes qui ne se déroulent pas comme prévu ou qui rencontrent des obstacles peuvent entraîner une irritation et une impatience exacerbées.

Cercle Vicieux: L'irritabilité résultant de l'anxiété peut, à son tour, nourrir davantage l'anxiété. Se sentir constamment submergé et irrité peut conduire à plus de préoccupations et de stress, créant un cercle vicieux difficile à rompre.

Impact sur les Relations Interpersonnelles: Ces changements d'humeur et l'irritabilité peuvent avoir un impact négatif sur nos relations. Les membres de la famille, les amis et les collègues peuvent avoir du mal à gérer nos fluctuations émotionnelles, ce qui peut nuire à la qualité de nos relations.

Autocritique et Culpabilité: Après des épisodes d'irritabilité, les personnes souffrant d'anxiété chronique éprouvent souvent une autocritique intensifiée et des sentiments de culpabilité. Elles peuvent se blâmer de ne pas réussir à contrôler leurs émotions ou de causer du désconfort aux autres.

L'Importance de l'Auto-Réflexion: Il est crucial que les personnes anxieuses pratiquent l'auto-réflexion pour comprendre leurs réactions émotionnelles et comportementales. Identifier les schémas d'irritabilité et les déclencheurs peut aider à développer des stratégies efficaces de gestion de l'anxiété.

Techniques de Relaxation et Réponse Calme: L'intégration de techniques de relaxation, telles que la méditation, la respiration profonde et les exercices de relaxation musculaire, peut aider à apaiser l'esprit et à réduire l'irritabilité. Apprendre à répondre de manière plus calme et contrôlée aux situations stressantes est essentiel.

Communication Ouverte: Communiquer ouvertement avec les personnes proches au sujet de l'anxiété et de ses effets peut contribuer à créer de la compréhension et du soutien. Expliquer que l'irritabilité est un symptôme de l'anxiété, et non un reflet de leur mécontentement, est essentiel.

Faire face à l'irritabilité et aux changements d'humeur fréquents causés par l'anxiété est un défi, mais c'est possible avec des stratégies de gestion efficaces. La prise de conscience de ces réactions émotionnelles et la recherche d'aide professionnelle quand c'est nécessaire sont des étapes importantes pour améliorer la qualité de vie et les relations.

Abus de substances

L'abus de substances est un grave problème souvent lié à l'anxiété chronique. Les individus confrontés à une anxiété prolongée peuvent recourir à la consommation d'alcool, de drogues illicites, de médicaments prescrits de manière inappropriée ou d'autres substances comme moyen de faire face à leurs symptômes. Malheureusement, cette forme d'automédication entraîne un cycle vicieux préjudiciable qui aggrave à la fois l'anxiété et l'abus de substances.

Automédication et Soulagement Temporaire: L'automédication est un mécanisme d'adaptation où la personne cherche un soulagement immédiat de ses symptômes d'anxiété en utilisant des substances psychoactives. L'alcool et les drogues peuvent offrir un soulagement temporaire de l'anxiété, ce qui conduit à leur utilisation répétée en tant que stratégie d'adaptation.

Aggravation de l'Anxiété: Bien que les substances puissent initialement soulager l'anxiété, leur utilisation prolongée peut aggraver les symptômes d'anxiété. La tolérance peut se développer, conduisant à des doses plus élevées pour obtenir le même effet, entraînant un cycle de dépendance et d'anxiété croissante.

Conséquences Physiques et Mentales: L'abus de substances peut entraîner des dommages physiques et mentaux significatifs, en plus d'aggraver les symptômes d'anxiété. Cela inclut des problèmes de santé, des altérations cognitives, des changements d'humeur et d'autres effets indésirables.

Culpabilité et Honte: Le cycle d'abus de substances et d'anxiété peut entraîner des sentiments intenses de culpabilité, de honte et d'estime de soi altérée. La personne peut se sentir impuissante à briser ce cycle et à faire face aux conséquences négatives de ses comportements.

Intervention et Traitement: Interrompre le cycle d'abus de substances et d'anxiété nécessite une intervention professionnelle. Les programmes de traitement abordant à la fois la dépendance chimique et l'anxiété sont essentiels. Cela peut inclure la thérapie cognitivo-comportementale, le conseil, les groupes de soutien et, dans certains cas, des médicaments.

Soutien Social et Réseau de Soutien: Avoir un réseau de soutien solide et encourageant est crucial pour briser le cycle d'abus de substances et d'anxiété. Les amis, la famille ou les groupes de soutien peuvent fournir un soutien émotionnel et pratique tout au long du processus de récupération.

Développement de Stratégies Alternatives: Il est fondamental d'apprendre des stratégies alternatives pour faire face à l'anxiété qui ne passent pas par la consommation de substances. Cela peut inclure des techniques de relaxation, de l'exercice physique, de la méditation, de la pleine conscience et des thérapies.

Sensibilisation aux Risques: Il est important de sensibiliser aux risques associés à l'abus de substances dans la gestion de l'anxiété. Éduquer les personnes sur les effets nocifs de cette pratique peut contribuer à prévenir le cycle d'automédication.

Briser le cycle de l'abus de substances et de l'anxiété est une étape vitale vers la guérison et le bien-être. Rechercher de l'aide professionnelle et bénéficier du soutien de ses proches sont des étapes essentielles pour surmonter ce défi et atteindre une vie équilibrée et saine.

Pensées suicidaires et automutilation

L'anxiété chronique, lorsqu'elle est négligée et non traitée, peut déclencher un terrible dénouement où les individus affectés peuvent faire face à des pensées suicidaires ou s'engager dans l'automutilation. Cet état est un résultat dévastateur de la persistance d'une anxiété écrasante, conduisant à un sentiment extrême de désespoir et d'impuissance.

Pensées Suicidaires: L'anxiété chronique peut mener à des pensées suicidaires, où la personne affectée ressent que la seule issue à sa souffrance est de mettre fin à ses jours. Cette étape est critique et nécessite une intervention immédiate et un soutien professionnel.

Désespoir Profond: Le sentiment de désespoir associé à l'anxiété chronique non traitée est intense et écrasant. Les individus peuvent avoir l'impression d'être pris dans un cycle interminable d'anxiété et qu'il n'y a pas d'espoir d'amélioration.

Isolement et Solitude: Ceux qui luttent contre des pensées suicidaires se sentent souvent isolés et seuls dans leur douleur. L'anxiété chronique peut conduire à l'isolement social, aggravant davantage le sentiment de solitude et de désespoir.

Automutilation comme Moyen de Soulagement: Dans le but de soulager la douleur émotionnelle, certains individus peuvent recourir à l'automutilation. Se couper ou s'infliger de la douleur physique peut distraire temporairement de la douleur émotionnelle extrême, mais c'est une stratégie extrêmement préjudiciable.

Recherche Désespérée de Soulagement: Les pensées suicidaires et l'automutilation découlent souvent de la recherche désespérée de soulagement de la souffrance émotionnelle. Les personnes peuvent avoir l'impression d'être tellement accablées que la mort ou l'automutilation sont leurs seules options d'évasion.

Importance de l'Intervention Immédiate: La détection précoce de ces signes est cruciale pour une intervention efficace. Les amis, la famille et les professionnels de la santé doivent être attentifs à toute indication de pensées suicidaires et agir rapidement en orientant la personne vers une aide spécialisée.

Traitement Spécialisé et Soutien Continu: Le traitement des pensées suicidaires et de l'automutilation implique généralement une approche multidisciplinaire, comprenant la psychothérapie, la médication et un soutien continu. La thérapie cognitivo-comportementale (TCC) est également souvent utilisée pour aborder ces pensées et comportements.

Prévention et Sensibilisation: La sensibilisation à la relation entre l'anxiété chronique et les pensées suicidaires est cruciale. L'éducation sur les stratégies d'adaptation saines, l'importance du soutien émotionnel et la réduction de la stigmatisation liée à la santé mentale sont essentielles pour la prévention.

Soutien et Compréhension: Il est vital que ceux qui font face à ces défis reçoivent le soutien aimant et la compréhension de leurs proches. Un environnement de soutien émotionnel peut faire une différence significative dans le processus de guérison.

Comprendre les effets à long terme de l'anxiété est essentiel pour la mise en place de stratégies de prévention et d'intervention précoce. Un traitement et un soutien appropriés sont essentiels pour atténuer ces impacts et promouvoir la santé mentale à long terme. Une approche multidisciplinaire impliquant des professionnels de la santé mentale est souvent nécessaire pour fournir une réponse complète et efficace à ces défis.

STRATÉGIES POUR ATTÉNUER LES IMPACTS DE L'ANXIÉTÉ SUR LA SANTÉ MENTALE

Faire face à l'anxiété de manière efficace est crucial pour protéger notre santé mentale à long terme et améliorer notre qualité de vie. Il existe plusieurs stratégies qui peuvent aider à atténuer les impacts préjudiciables de l'anxiété:

Thérapie Cognitivo-Comportementale (TCC)

La thérapie cognitivo-comportementale (TCC) est une approche thérapeutique largement reconnue et efficace dans le traitement de l'anxiété et de divers autres troubles mentaux. Elle repose sur l'idée que nos pensées, émotions et comportements sont interconnectés et s'influencent mutuellement. En TCC, le thérapeute et le patient travaillent ensemble pour identifier et modifier les schémas de pensée dysfonctionnels qui contribuent à l'anxiété. Voici plus d'informations sur le fonctionnement de la TCC dans le traitement de l'anxiété:

Identification des pensées dysfonctionnelles: Un des principes centraux de la TCC est d'aider le patient à identifier les pensées automatiques et les croyances distordues qui alimentent l'anxiété. Souvent, ces pensées sont négatives, irrationnelles et catastrophiques, entraînant un cycle de préoccupation et de peur.

Réévaluation et remise en question des pensées: Avec l'orientation du thérapeute, le patient apprend à remettre en question la validité de ces pensées dysfonctionnelles. Ils explorent les preuves pour et contre ces pensées et développent une perspective plus équilibrée et réaliste.

Développement de compétences d'adaptation: En plus de remettre en question les pensées dysfonctionnelles, la TCC aide les patients à développer des compétences d'adaptation saines. Cela peut inclure des stratégies de relaxation, des techniques de résolution de problèmes et des pratiques d'exposition progressive à des situations redoutées (un élément important dans le traitement des phobies).

Identification des schémas de comportement: La TCC se concentre également sur l'identification des schémas de comportement qui peuvent contribuer à l'anxiété. Par exemple, l'évitement de situations redoutées peut maintenir l'anxiété. Le thérapeute travaille avec le patient pour changer ces comportements mal adaptatifs.

Établissement d'objectifs et suivi des progrès: Pendant le traitement, le thérapeute et le patient établissent des objectifs clairs et mesurables pour la réduction de l'anxiété. Les progrès sont surveillés au fil du temps, permettant des ajustements si nécessaire.

Tâches entre les séances: Les patients reçoivent souvent des tâches à faire entre les séances, telles que tenir un journal de pensées ou pratiquer des techniques de relaxation. Cela aide à intégrer l'apprentissage et les compétences dans la vie quotidienne.

Durée et efficacité: La TCC est une thérapie de courte durée, consistant généralement en un nombre défini de séances (par exemple, 12 à 16 séances). Elle est connue pour être très efficace dans le traitement des troubles anxieux, fournissant des outils pratiques et des stratégies pour faire face à l'anxiété de manière saine.

Adaptation à différents troubles anxieux: La TCC peut être adaptée pour traiter une variété de troubles anxieux, y compris le trouble d'anxiété généralisée (TAG), le trouble de panique, le trouble de stress post-traumatique (TSPT), les phobies spécifiques et le trouble obsessionnel-compulsif (TOC).

La TCC est souvent combinée avec d'autres approches thérapeutiques ou l'utilisation de médicaments, en fonction des besoins individuels du patient. Elle offre un cadre solide pour identifier, comprendre et surmonter l'anxiété, permettant aux personnes de reprendre le contrôle de leur vie et d'améliorer leur santé mentale.

Méditation et pleine conscience

La méditation et la pleine conscience sont des pratiques anciennes devenues de plus en plus populaires dans les temps modernes en raison de leurs bienfaits pour la santé mentale, y compris la réduction de l'anxiété. Ces pratiques mettent l'accent sur la pleine conscience du moment présent et l'attention portée aux pensées, aux sensations et aux émotions sans jugement. Voici des informations détaillées sur la manière dont la méditation et la pleine conscience peuvent aider à réduire l'anxiété :

Conscience Pleine du Moment Présent : La méditation et la pleine conscience se fondent sur le principe d'être totalement présent dans le moment actuel, sans se soucier du passé ou du futur. Cette pleine conscience contribue à réduire l'anxiété, car l'anxiété est souvent liée aux inquiétudes concernant l'avenir.

Apaiser l'Esprit : La pratique régulière de la méditation et de la pleine conscience peut apaiser l'esprit en réduisant le flux constant de pensées anxieuses. En se concentrant sur la respiration ou sur d'autres éléments du moment présent, l'esprit devient plus calme.

Réduction de la Réactivité au Stress : En cultivant la capacité à observer les pensées et les émotions sans réagir de manière impulsive, les pratiques de pleine conscience aident à réduire la réactivité au stress. Cela peut se traduire par des réponses plus réfléchies et moins de réactions émotionnelles excessives.

Entraînement de l'Attention : La méditation et la pleine conscience sont des exercices d'entraînement de l'attention. Elles aident à développer la capacité à concentrer l'attention sur le présent, ce qui peut être utile pour éviter que l'esprit ne divague vers des inquiétudes et de l'anxiété.

Réduction de la Rumination: La rumination, ou la répétition continue de pensées négatives, est courante dans l'anxiété. La pleine conscience peut contribuer à interrompre ce schéma en dirigeant l'attention vers le présent, éloignant ainsi les pensées négatives et la rumination.

Apprentissage de l'Acceptation et de la Tolérance: Les pratiques de pleine conscience enseignent à accepter les pensées et les émotions sans jugement, en reconnaissant qu'il ne s'agit que d'événements mentaux passagers. Cela favorise une attitude plus compatissante envers soi-même, ce qui peut réduire l'anxiété liée à l'autocritique.

Différentes Techniques de Méditation: Il existe plusieurs techniques de méditation, telles que la méditation de la respiration, la méditation guidée, la méditation transcendantale et la méditation en marchant. Chacune d'elles peut répondre à différentes préférences et besoins, permettant d'adapter la pratique en fonction de l'individu.

Pratique Régulière et Cohérente: La clé pour récolter les bienfaits de la méditation et de la pleine conscience est une pratique régulière et cohérente. Réserver du temps chaque jour pour ces pratiques peut aider à les intégrer dans le mode de vie et à en expérimenter les effets positifs au fil du temps.

Intégrer la méditation et la pleine conscience dans la routine quotidienne peut offrir des outils puissants pour faire face à l'anxiété et promouvoir le bien-être mental.

En apprenant à être plus présent dans le moment, nous pouvons réduire l'anxiété liée à la préoccupation pour le futur et ainsi mener une vie plus équilibrée et consciente.

Exercices physiques

La pratique régulière d'exercices physiques est une stratégie efficace et accessible pour réduire l'anxiété et favoriser le bien-être émotionnel. Les avantages vont au-delà de la santé physique, touchant également la santé mentale et émotionnelle. Explorons en détail comment les exercices physiques peuvent contribuer à la réduction de l'anxiété:

Libération d'Endorphines: Les exercices physiques déclenchent la libération d'endorphines dans le cerveau. Les endorphines sont des neurotransmetteurs agissant comme des analgésiques naturels et améliorant l'humeur, procurant une sensation de bien-être et d'euphorie.

Réduction du Stress et de la Tension Physique: La pratique régulière d'exercices aide à libérer la tension physique accumulée, un symptôme courant associé à l'anxiété. En faisant bouger le corps, les muscles se détendent et la sensation de stress physique diminue.

Amélioration de la Circulation Sanguine et de l'Oxygénation: Les exercices augmentent la circulation sanguine et l'oxygénation dans tout le corps, y compris le cerveau. Cela peut entraîner une amélioration de la clarté mentale et de la sensation de fraîcheur, soulageant la sensation d'oppression associée à l'anxiété.

Réduction des Niveaux d'Hormones de Stress: La pratique régulière d'exercices peut aider à réduire les niveaux d'hormones de stress, tels que le cortisol. Ces hormones sont souvent élevées chez les personnes souffrant d'anxiété chronique.

Amélioration du Sommeil: Les exercices physiques réguliers peuvent améliorer la qualité du sommeil, ce qui est essentiel pour contrôler l'anxiété. Un sommeil adéquat peut réguler les schémas d'humeur et réduire la sensation d'anxiété pendant la journée.

Augmentation de l'Estime de Soi et de la Confiance: S'engager dans des activités physiques peut améliorer l'image de soi et renforcer la confiance en soi. Se sentir bien dans son corps et atteindre des objectifs de conditionnement physique peut avoir un impact positif sur la perception de soi.

Opportunité de Socialisation: Participer à des activités physiques en groupe, telles que les sports ou les cours de fitness, offre l'opportunité de socialiser. L'interaction sociale peut soulager l'anxiété en offrant un sentiment d'appartenance et de soutien social.

Variété d'Exercices: La variété d'exercices est importante pour maintenir l'intérêt et la motivation. Cela peut inclure des activités aérobiques, des exercices de résistance, du yoga, de la danse, entre autres. Le choix des exercices doit tenir compte des préférences personnelles et des contraintes physiques.

Adaptation à la Routine Personnelle: Il est essentiel de choisir un type d'exercice qui s'adapte à la routine et au style de vie de chaque individu. Cela facilite l'intégration des exercices de manière cohérente dans la vie quotidienne.

Intégrer des exercices physiques dans la routine quotidienne peut être un moyen très efficace de gérer et de réduire l'anxiété, en plus d'offrir de nombreux avantages pour la santé physique et mentale. Il est important de trouver des activités physiques agréables et durables à long terme pour obtenir les avantages maximums.

Respiration contrôlée

La pratique de techniques de respiration contrôlée, comme la respiration diaphragmatique, est une stratégie efficace et accessible pour calmer le système nerveux et réduire l'anxiété. Cette approche se concentre sur la conscience et le contrôle de la respiration pour favoriser une sensation de calme et d'équilibre émotionnel. Explorons en détail comment la respiration contrôlée peut être un outil précieux pour gérer l'anxiété:

Conscience Respiratoire: La première étape consiste à développer la conscience de sa propre respiration. Souvent, en période d'anxiété, la respiration devient superficielle et rapide. La conscience permet de reconnaître ce schéma et d'intervenir pour apporter le calme.

Respiration Diaphragmatique: Également connue sous le nom de respiration abdominale, c'est une technique qui implique de respirer profondément en faisant travailler le diaphragme. Lors de l'inspiration, l'abdomen s'élargit, et lors de l'expiration, il se contracte. Cela aide à mieux oxygéner le corps et à apaiser l'esprit.

Rythme Respiratoire: Établir un rythme dans la respiration est fondamental. Une technique courante est la respiration 4-7-8, où vous inspirez par le nez en comptant jusqu'à quatre, retenez l'air pendant sept secondes, puis expirez par la bouche en comptant jusqu'à huit. Ce schéma favorise la tranquillité.

Concentration sur la Respiration: Pendant la pratique de la respiration contrôlée, il est important de se concentrer sur la respiration et les mouvements de l'abdomen. Cela aide à éloigner les pensées anxieuses, procurant un moment de tranquillité et de concentration.

Réduction du Stress et de l'Anxiété: La respiration contrôlée agit directement sur le système nerveux en stimulant la réponse de relaxation. Cela réduit les niveaux de stress et d'anxiété, favorisant un sentiment de calme et de clarté mentale.

Pratique Régulière: Pour obtenir des bienfaits, il est essentiel de pratiquer régulièrement. Au début, il peut être utile de pratiquer quelques minutes chaque jour et, avec le temps, d'augmenter la durée et la fréquence de la pratique.

Intégration avec d'Autres Techniques: La respiration contrôlée peut être intégrée à d'autres techniques de relaxation, comme la méditation. Cela potentialise les effets apaisants et favorise une expérience plus profonde de relaxation.

Application en Cas de Crise: La capacité à utiliser des techniques de respiration contrôlée en cas d'anxiété aiguë ou de crise est un outil précieux. Elle peut être appliquée dans des situations stressantes pour calmer l'esprit et éviter une escalade de l'anxiété.

La respiration contrôlée est un outil simple mais puissant qui peut être pratiqué à tout moment et en tout lieu. C'est une compétence précieuse pour gérer l'anxiété, favoriser le bien-être et cultiver la paix intérieure.

Thérapie d'Acceptation et d'Engagement (ACT)

La Thérapie d'Acceptation et d'Engagement (ACT) est une approche thérapeutique efficace pour faire face à l'anxiété en aidant les personnes à accepter leurs anxiétés et difficultés, et à s'engager dans des actions constructives et signifiantes dans leur vie. Explorons plus en détail l'ACT et comment elle peut être un outil précieux dans la gestion de l'anxiété:

Acceptation des Expériences Internes: L'ACT met l'accent sur l'importance d'accepter pleinement nos expériences internes, y compris les émotions, les pensées et les sensations physiques. Cela signifie ne pas lutter ou essayer de réprimer ces expériences, mais plutôt les reconnaître et leur permettre d'être présentes.

Pleine Conscience et Attention: La pratique de la pleine conscience est centrale dans l'ACT. Elle implique d'être conscient du moment présent sans jugement, ce qui aide à accroître la conscience de nos expériences internes et à y répondre de manière plus adaptative.

Définition des Valeurs et Objectifs Personnels: L'ACT encourage l'identification et la définition des valeurs et des objectifs personnels de chaque individu. Comprendre ce qui est vraiment important dans la vie aide à guider les actions et à prendre des décisions alignées sur ces valeurs.

Engagement dans l'Action: En plus de l'acceptation, l'ACT encourage l'engagement dans l'action. Cela signifie faire des pas concrets dans la direction de nos valeurs, même face à l'anxiété ou au malaise. L'action alignée sur les valeurs est considérée comme un élément clé pour une vie significative.

Diffusion Cognitive: Cette technique implique de prendre de la distance par rapport à nos pensées et émotions. En se "désattachant" de nos pensées et en les observant comme des événements mentaux, nous sommes moins susceptibles d'être dominés ou définis par elles, réduisant ainsi l'influence de l'anxiété.

Auto-Conscience et Flexibilité Psychologique: L'ACT vise à accroître l'auto-conscience et la flexibilité psychologique. Cela implique la capacité de s'adapter et de répondre de manière efficace à différentes situations, en tenant compte de nos valeurs et objectifs.

Acceptation des Difficultés et de la Souffrance: Au lieu de chercher à éviter la souffrance, l'ACT nous invite à accepter la présence inévitable de la souffrance humaine. Cela ne signifie pas la résignation, mais plutôt une acceptation courageuse, nous permettant de continuer à vivre nos vies de manière significative.

Travail avec des Métaphores et des Expériences: L'ACT utilise souvent des métaphores et des expériences pour illustrer des concepts clés et faciliter la compréhension et l'application des stratégies. Ces histoires aident à traduire des concepts abstraits en quelque chose de concret et de mémorable.

L'ACT est une approche puissante pour faire face à l'anxiété, car elle offre une structure pour accepter les expériences internes difficiles tout en s'engageant dans des actions significatives. Elle contribue à cultiver une vie basée sur les valeurs, la résilience et la croissance personnelle.

Établir des routines saines

Établir des routines saines est un pilier crucial pour l'équilibre émotionnel et le bien-être. Une routine bien structurée améliore non seulement l'efficacité de nos activités quotidiennes, mais peut également avoir un impact positif sur notre santé mentale et émotionnelle. Explorons davantage comment établir des routines saines peut réduire l'anxiété et promouvoir un mode de vie équilibré:

Programmation régulière du sommeil: Établir une programmation de sommeil cohérente est essentielle pour un repos adéquat et pour maintenir l'équilibre émotionnel. Dormir suffisamment et à des horaires réguliers aide à réguler l'humeur, à améliorer la concentration et à réduire l'anxiété.

Alimentation équilibrée: Maintenir une alimentation équilibrée avec une variété d'aliments nutritifs est essentiel pour la santé mentale. Les aliments riches en nutriments peuvent avoir un impact positif sur notre humeur et notre énergie, fournissant une base solide pour faire face au stress et à l'anxiété.

Temps pour les activités relaxantes: Intégrer du temps pour des activités relaxantes dans la routine quotidienne est crucial. Cela peut inclure des pratiques de relaxation, de lecture, de méditation, des exercices de respiration ou tout passe-temps apportant tranquillité. Ces moments aident à réduire le stress et l'anxiété.

Agenda structuré: Créer un agenda bien défini pour la journée, la semaine ou le mois peut apporter de l'ordre et de la clarté. Savoir à quoi s'attendre et avoir un plan aide à réduire l'incertitude, l'un des déclencheurs de l'anxiété.

Temps pour l'activité physique: Incorporer régulièrement de l'activité physique dans la routine est un pilier important. L'exercice libère des endorphines, des substances chimiques qui améliorent l'humeur, et aide à soulager le stress et l'anxiété, favorisant une meilleure santé mentale.

Pauses adéquates au travail: Établir des pauses régulières pendant le travail est crucial pour la performance et le bien-être. Prendre de courtes pauses permet de recharger les batteries et de rester concentré, évitant l'accumulation de stress tout au long de la journée.

Gestion du temps: Apprendre à gérer son temps efficacement est essentiel. Cela inclut définir des priorités, éviter la procrastination et réserver du temps pour les tâches essentielles, ce qui peut réduire le sentiment d'être débordé.

Flexibilité dans la routine: Bien que la structure soit importante, il est également vital d'inclure de la flexibilité dans la routine. Permettez-vous des ajustements selon les besoins pour faire face aux imprévus ou simplement pour répondre aux besoins du moment.

Hygiène mentale: En plus de prendre soin du corps, il est vital de consacrer du temps à prendre soin de la santé mentale. Cela peut inclure des pratiques telles que la thérapie, des activités de relaxation, la réflexion ou tout ce qui nourrit la santé mentale.

Établir des routines saines ne consiste pas seulement à suivre un horaire strict, mais à créer un environnement propice à l'équilibre et au bien-être. C'est un processus qui nécessite de l'adaptabilité et de la conscience de soi pour trouver ce qui fonctionne le mieux pour chaque individu, en tenant compte de ses besoins et de son mode de vie. Une routine saine peut devenir l'ancre qui soutient une vie équilibrée et moins anxieuse.

Techniques de relaxation

Les techniques de relaxation sont des outils puissants pour faire face au stress et à l'anxiété. Elles nous permettent de ralentir, d'apaiser l'esprit et le corps, et de restaurer un état de tranquillité. Explorons quelques techniques de relaxation qui peuvent être efficaces pour réduire la tension et favoriser le calme:

Relaxation Musculaire Progressive: La relaxation musculaire progressive, aussi appelée, est une technique où les muscles sont délibérément tendus puis relâchés. Cela aide à libérer la tension accumulée dans le corps, favorisant une sensation de relaxation.

Respiration Profonde et Contrôlée: Pratiquer une respiration consciente, lente et profonde peut apaiser le système nerveux. Inspirer lentement par le nez, retenir l'air quelques secondes et expirer lentement par la bouche aide à réduire l'anxiété et à favoriser la détente.

Méditation Guidée: La méditation guidée implique d'écouter un instructeur qui mène une session de méditation. Généralement, cela comprend des instructions sur la focalisation sur la respiration, la relaxation musculaire et la visualisation, aidant à apaiser l'esprit et à réduire l'anxiété.

Visualisation Créative: Dans cette technique, des images mentales apaisantes sont créées pour aider à calmer l'esprit et le corps. Visualiser des scénarios paisibles, comme une plage ensoleillée ou une forêt tranquille, peut apporter un sentiment de paix et de détente.

Pleine Conscience et Attention Plénière: Être pleinement présent dans le moment actuel, sans jugement, est l'essence de la pleine conscience. La pratique de la pleine conscience aide à réduire l'anxiété en se concentrant consciemment sur les sensations, pensées et émotions du moment.

Techniques de Biofeedback: Ces techniques impliquent l'utilisation de dispositifs qui surveillent les fonctions corporelles telles que la fréquence cardiaque et la tension musculaire. La rétroaction en temps réel permet à la personne d'apprendre à contrôler ces fonctions, réduisant la réponse au stress.

Yoga et Étirements: Le yoga associe exercices physiques à des techniques de respiration et de méditation, favorisant la détente physique et mentale. Pratiquer régulièrement le yoga peut aider à soulager la tension et l'anxiété.

Aromathérapie et Relaxation Sensorielle: Utiliser des huiles essentielles et des techniques sensorielles comme les massages ou les bains aromatiques peut avoir un effet apaisant sur le corps et l'esprit, favorisant la relaxation et la réduction du stress.

Techniques de Chiropratique et Massage: La chiropratique et le massage thérapeutique peuvent aider à libérer la tension musculaire et à améliorer la circulation sanguine, contribuant à une sensation générale de détente et de bien-être.

Pratique de Tai Chi ou Qi Gong: Ces pratiques combinent des mouvements corporels doux, la respiration et la concentration mentale. Elles sont efficaces pour réduire le stress et améliorer l'équilibre émotionnel.

Musique Relaxante et Sons de la Nature: Écouter de la musique douce, des sons de la nature ou de la musique spécialement conçue pour la relaxation peut avoir un effet apaisant sur l'esprit, aidant à soulager l'anxiété.

La clé du succès avec les techniques de relaxation est la pratique régulière. Les intégrer dans la routine quotidienne peut faire une différence significative dans la réduction du stress et la promotion d'un sentiment général de calme et de bien-être. Il est important d'expérimenter différentes techniques et de découvrir celles qui conviennent le mieux aux besoins et aux préférences individuels.

Expression créative

L'expression créative est un outil puissant pour faire face à l'anxiété et au stress. Elle offre une sortie pour nos émotions, nos pensées et nos expériences internes, permettant qu'elles soient extériorisées et traitées de manière constructive. Explorons comment l'art, la musique et l'écriture peuvent être thérapeutiques et bénéfiques pour la santé mentale:

Art et Dessin: L'art, que ce soit la peinture, le dessin, la sculpture ou d'autres formes, offre un moyen d'exprimer des émotions qui peuvent être difficiles à mettre en mots. Les couleurs, les formes et les textures peuvent transmettre des sentiments et aider à soulager l'anxiété en offrant un canal créatif pour exprimer ce qui est en nous.

Musique et Mélodie: La musique a le pouvoir d'évoquer des émotions et de créer une connexion profonde avec notre psyché. Jouer d'un instrument, chanter ou simplement écouter des musiques qui résonnent en nous peut soulager le stress et créer un état mental plus calme.

Écriture Créative: L'écriture est un moyen efficace de traiter les pensées et les émotions. Tenir un journal, écrire de la poésie, des histoires ou simplement mettre sur le papier ce que nous ressentons peut aider à organiser nos pensées et à trouver une clarté émotionnelle.

Danse et Mouvement: La danse est une forme d'expression corporelle qui peut libérer la tension et l'anxiété. Se mouvoir au rythme de la musique permet à l'énergie de circuler, favorisant une sensation de bien-être.

Théâtre et Représentation: Participer à des activités théâtrales ou de représentation offre l'opportunité d'explorer différents rôles et émotions, ce qui peut aider à mieux se comprendre et à soulager le stress.

Artisanat et DIY (Fais-le toi-même): S'engager dans des projets d'artisanat, de couture, de menuiserie ou d'autres activités DIY peut être un moyen tangible de canaliser l'anxiété et de créer quelque chose de beau en même temps.

Art Numérique: L'art numérique offre une plateforme moderne pour exprimer sa créativité. La peinture numérique, le graphisme et d'autres formes d'art numérique permettent une variété de moyens pour l'expression artistique.

Expression Corporelle: L'expression corporelle, y compris le yoga, le tai-chi et d'autres pratiques physiques, peut aider à libérer les émotions et à créer un sentiment de calme intérieur.

Art-thérapie: L'art-thérapie est une forme structurée d'utilisation de la créativité pour explorer les émotions et les problèmes psychologiques. Elle est souvent dirigée par un thérapeute formé qui guide le processus.

Collaboration et Groupes Créatifs: Participer à des groupes créatifs ou à des projets collaboratifs peut enrichir l'expérience créative, offrant l'opportunité de partager et d'apprendre des autres.

L'expression créative est une façon saine et efficace de faire face à l'anxiété, car elle vous permet de traiter vos émotions de manière constructive et enrichissante. Chaque personne est unique, il est donc important d'explorer différentes formes d'expression créative pour trouver ce qui résonne le mieux avec vous-même.

Établir des limites et dire non

Établir des limites et apprendre à dire non est un aspect vital de l'autosoins et de la gestion efficace du stress. Souvent, nous ressentons une pression sociale ou personnelle pour répondre aux demandes des autres, ce qui peut entraîner un excès d'engagements et d'épuisement. Explorons plus profondément cette question et comprenons comment établir des limites saines peut être transformateur:

Protéger votre bien-être: Établir des limites est un moyen de protéger votre santé physique et mentale. Dire non lorsque c'est nécessaire signifie reconnaître vos propres limites et ne pas compromettre votre santé et votre bien-être.

Respecter vos besoins et priorités: Chaque personne a ses propres besoins, priorités et objectifs. Établir des limites vous permet de respecter vos priorités et de consacrer du temps et de l'énergie à ce qui est vraiment important pour vous.

Construire des relations saines: Établir des limites claires et les communiquer de manière respectueuse aide à construire des relations plus saines. Les personnes autour de vous comprendront vos attentes et vos limites.

Apprendre à dire non de manière respectueuse: Dire "non" ne signifie pas être impoli, mais être clair sur vos limites et vos engagements existants. Cela peut être une compétence difficile, mais elle est fondamentale pour maintenir un équilibre sain.

Éviter la surcharge et l'épuisement: Lorsque vous dites toujours oui à tout et à tout le monde, vous pouvez finir par être surchargé. Cela peut entraîner une épuisement physique et mentale, nuisant à votre productivité et à votre bien-être.

Établir des limites au travail: Au travail, il est crucial d'établir des limites en matière de temps, de tâches et de disponibilité. Cela aide à maintenir un équilibre professionnel et à éviter l'épuisement.

Pratiquer une communication claire et directe: La communication est essentielle lors de l'établissement de limites. Il est important d'exprimer vos besoins et attentes de manière claire et directe, sans ambiguïté.

Évaluer votre capacité actuelle: Avant d'accepter de nouveaux engagements, évaluez votre capacité actuelle à les gérer. S'il y a surcharge, il est parfaitement acceptable de dire non ou de reporter.

Apprendre à dire oui à vous-même: Dire non aux autres signifie souvent dire oui à vous-même. C'est un acte d'autosoins et d'autonomisation de reconnaître vos besoins et de les mettre en premier.

Pratiquer la maîtrise de soi: Établir des limites nécessite de la maîtrise de soi et la capacité de dire non lorsque c'est nécessaire, même en cas de pression externe.

Se rappeler qu'il est sain et nécessaire d'établir des limites est fondamental pour maintenir une vie équilibrée et saine. C'est un acte d'amour-propre et de respect de soi que d'apprendre à dire non lorsque c'est nécessaire et à protéger votre énergie et votre bien-être.

Recherche de soutien social

La recherche de soutien social est une stratégie essentielle pour faire face à l'anxiété et favoriser le bien-être émotionnel. Le soutien social peut provenir de différentes sources, y compris les amis, la famille, les collègues et les professionnels de la santé mentale. Explorons en détail comment cette connexion avec d'autres personnes peut être bénéfique pour soulager l'anxiété:

Réduction de l'Isolation: Partager vos préoccupations et vos sentiments avec d'autres personnes aide à rompre le cycle de l'isolement émotionnel. S'isoler peut augmenter l'anxiété, et avoir un système de soutien réduit cet isolement.

Soutien Émotionnel: Parler à quelqu'un qui comprend vos émotions et préoccupations peut apporter un soulagement immense. Le soutien émotionnel aide à valider vos sentiments, réduisant le sentiment de solitude dans cette lutte.

Perspective Externe: Les amis et la famille peuvent offrir des perspectives et des conseils précieux sur la situation qui provoque de l'anxiété. Parfois, un point de vue externe peut éclairer des solutions ou des options que vous n'aviez pas envisagées.

Compréhension et Empathie: Le fait de partager peut conduire à une meilleure compréhension des défis auxquels vous êtes confronté. Se sentir compris et validé est essentiel pour soulager l'anxiété.

Soulagement du Stress: Parler de vos inquiétudes peut être une façon de soulager le stress accumulé. Exprimer des émotions peut réduire la pression interne que l'anxiété peut créer.

Établissement de Connexions Saines: Chercher du soutien social renforce les liens avec les personnes qui vous entourent. Cultiver des relations saines est essentiel pour la santé mentale et émotionnelle à long terme.

Recherche d'Aide Professionnelle: En plus du soutien des amis et de la famille, chercher l'aide d'un professionnel de la santé mentale, tel qu'un psychologue ou un thérapeute, peut fournir une orientation spécialisée pour faire face à l'anxiété de manière plus efficace.

Participation à des Groupes de Soutien: Les groupes de soutien sont d'excellentes options pour rencontrer des personnes qui traversent des expériences similaires. Partager des histoires et des stratégies peut être très réconfortant.

Pratique de l'Art de l'Écoute: En plus de partager vos inquiétudes, il est important d'écouter activement les autres. Offrir un soutien mutuel peut renforcer les relations et créer un réseau de soutien efficace.

Intervention Rapide en Cas de Crise: Dans les situations de crise, le soutien social peut être crucial pour intervenir rapidement et offrir une aide appropriée, pouvant même sauver des vies.

La recherche de soutien social est une étape précieuse dans le parcours pour faire face à l'anxiété. Renforcer les liens sociaux, partager les préoccupations et chercher des conseils auprès de personnes de confiance contribuent à la résilience émotionnelle et à la réduction de l'impact de l'anxiété.

Pratique de la compassion envers soi-même

La pratique de la compassion envers soi-même est une approche fondamentale pour faire face à l'anxiété et améliorer la santé mentale. Explorons en détail comment cette pratique peut être transformative et bénéfique pour votre relation avec vous-même:

Définir la Compassion envers Soi-même: La compassion envers soi-même est l'acte de se traiter avec la même compassion, gentillesse et compréhension que vous offririez à un ami cher en période de difficultés. Cela implique de reconnaître votre propre humanité, vos imperfections et vos difficultés sans vous juger sévèrement.

Acceptation et Humanité Partagée: La compassion envers soi-même commence par l'acceptation de soi, en reconnaissant que vous êtes humain et, en tant que tel, sujet à des failles, des erreurs et des défis. C'est comprendre que tout le monde, sans exception, fait face à des difficultés, et cela fait partie de l'expérience humaine.

Auto-empathie et Auto-compréhension: Cultiver la compassion envers soi-même consiste à développer une voix intérieure qui vous parle de manière aimable et encourageante, plutôt que de vous critiquer durement. Il s'agit de se traiter comme vous le feriez avec quelqu'un que vous aimez profondément et que vous appréciez.

Résilience Émotionnelle: La pratique régulière de la compassion envers soi-même renforce votre résilience émotionnelle. Au lieu de laisser l'autocritique drainer votre énergie, vous apprenez à vous relever après les défis, en apprenant et en grandissant avec eux.

Réduction de l'Anxiété: En adoptant une attitude compatissante envers vous-même, vous réduisez l'anxiété liée à la peur de ne pas être assez bon ou de faire des erreurs. La compassion envers soi-même apaise l'esprit et diminue la pression interne.

Combattre la Honte: La compassion envers soi-même est un outil puissant pour combattre la honte et l'autocritique. Au lieu de ressentir de la honte pour vos imperfections, vous vous acceptez avec amour et compréhension.

Cultiver la Gratitude et l'Acceptation: La pratique de la compassion envers soi-même est liée à la gratitude pour qui vous êtes, avec toutes vos caractéristiques et expériences. Cela conduit à une acceptation profonde de soi, ce qui contribue à un esprit plus paisible.

Techniques de Compassion envers Soi-même: La compassion envers soi-même peut être pratiquée à travers diverses techniques, telles que la méditation de bienveillance, où vous souhaitez amour et bonheur pour vous-même et pour les autres; écrire des lettres douces à vous-même; ou simplement changer la narration interne en une de soin et de compassion.

Intégration dans la Vie Quotidienne: En plus des pratiques spécifiques, la compassion envers soi-même peut être une philosophie de vie. Cela signifie apporter de la gentillesse dans tous les domaines de votre vie, que ce soit au travail, dans vos relations ou dans vos activités quotidiennes.

Prendre Soin de Soi: La compassion envers soi-même se reflète également dans l'autosoins. Vous prenez soin de vous, établissez des limites saines et vous permettez de vous reposer et de vous ressourcer.

La compassion envers soi-même est une compétence puissante qui peut être cultivée et développée. En pratiquant la gentillesse et la compassion envers vous-même, vous renforcez votre résilience émotionnelle, réduisez l'anxiété et créez une base plus saine pour faire face aux défis de la vie.

Évaluation du stress et stratégies d'adaptation

Évaluer le stress et développer des stratégies d'adaptation efficaces sont des compétences précieuses pour gérer l'anxiété et promouvoir le bien-être émotionnel. Explorons en détail comment vous pouvez identifier et faire face au stress de manière adaptative:

Identification des Sources de Stress: La première étape est de reconnaître et d'identifier les sources de stress dans votre vie. Cela peut inclure des défis au travail, des problèmes relationnels, des problèmes financiers, entre autres. Prendre conscience de ces sources est crucial pour faire face efficacement au stress.

Évaluation de l'Impact du Stress: Comprenez comment le stress vous affecte physiquement, émotionnellement et mentalement. Le stress peut se manifester de différentes manières, comme l'insomnie, l'irritabilité, l'anxiété, les maux de tête, entre autres. Évaluez comment le stress affecte votre qualité de vie.

Conséquences de la Non-Gestion du Stress: Reconnaissez les conséquences de ne pas faire face au stress de manière efficace. Cela peut inclure une détérioration de la santé physique, des relations personnelles, une baisse de performance au travail ou dans les études, entre autres.

Connaissance de Soi et Soins Personnels: Apprenez à vous connaître, à connaître vos limites et vos besoins. Pratiquez l'auto-soin régulièrement en consacrant du temps à des activités qui vous rafraîchissent et vous apportent de la joie. Cela peut inclure de l'exercice, des passe-temps, de la méditation, entre autres.

Développement de Stratégies d'Adaptation: Apprenez et développez des stratégies d'adaptation efficaces. Cela peut inclure des techniques de relaxation, des exercices, de la méditation, de la thérapie, ou parler à un ami ou à un professionnel de la santé mentale. Chaque personne peut réagir différemment, il est donc important d'expérimenter et de trouver ce qui fonctionne pour vous.

Planification et Organisation: Planifiez vos activités et engagements. L'organisation peut réduire le stress associé à la sensation d'être débordé. Fixez-vous des objectifs réalistes et élaborez un plan pour les atteindre.

Recours à une Aide Professionnelle: N'hésitez pas à consulter un professionnel de la santé mentale, comme un psychologue ou un thérapeute. Ils peuvent fournir des orientations spécialisées et des stratégies personnalisées pour faire face au stress.

Pratique Régulière de la Relaxation: Adoptez des pratiques régulières de relaxation, telles que des techniques de respiration, du yoga ou de la relaxation musculaire progressive. Ces pratiques peuvent aider à soulager la tension physique et mentale liée au stress.

Évaluation Continue et Ajustements: Évaluez régulièrement l'efficacité de vos stratégies d'adaptation. Si quelque chose ne fonctionne pas, ajustez vos approches et essayez de nouvelles stratégies pour trouver ce qui vous convient le mieux.

L'évaluation consciente du stress et la mise en œuvre de stratégies d'adaptation efficaces sont des étapes essentielles pour faire face à l'anxiété de manière adaptative. Développer une résilience émotionnelle et savoir comment affronter les défis de la vie peut améliorer considérablement votre qualité de vie et votre bien-être.

Consulter des professionnels de la santé mentale

Lorsque nous faisons face à de l'anxiété sévère ou persistante, il est crucial de rechercher l'aide de professionnels de la santé mentale pour une orientation spécialisée et un traitement approprié. Voici des détails sur l'importance et le processus de recherche d'un soutien professionnel pour faire face à l'anxiété:

Importance de Rechercher de l'Aide Professionnelle: L'anxiété peut se manifester sous différentes formes et intensités, et dans certains cas, il peut être difficile de la gérer seul. Les professionnels de la santé mentale ont la formation et l'expérience nécessaires pour évaluer, diagnostiquer et traiter les troubles anxieux de manière efficace.

Types de Professionnels de la Santé Mentale: Il existe plusieurs types de professionnels de la santé mentale qui peuvent aider dans le traitement de l'anxiété, y compris les psychologues, les psychiatres, les thérapeutes occupationnels, les travailleurs sociaux cliniciens, entre autres. Chacun a une approche spécifique et peut être recommandé en fonction de la situation et des besoins individuels.

Le Rôle du Psychologue: Les psychologues sont des experts dans l'évaluation et le traitement des problèmes de santé mentale, y compris l'anxiété. Ils utilisent des techniques thérapeutiques, telles que la thérapie cognitivo-comportementale, pour aider les individus à comprendre et à modifier les schémas de pensée dysfonctionnels qui contribuent à l'anxiété.

Le Rôle du Psychiatre: Les psychiatres sont des médecins spécialisés dans le diagnostic, le traitement et la prévention des troubles mentaux, y compris l'anxiété. Ils peuvent prescrire des médicaments, si nécessaire, et peuvent combiner les traitements pharmacologiques avec la thérapie pour un traitement complet.

Procédure de Recherche d'Aide: Commencez par rechercher et identifier les professionnels de la santé mentale dans votre région. Vous pouvez demander des recommandations à des médecins, des amis ou des membres de votre famille. Assurez-vous que le professionnel soit agréé et ait de l'expérience dans le traitement de l'anxiété.

Prise de Rendez-vous: Contactez le professionnel choisi pour prendre rendez-vous. Lors de la première consultation, vous discuterez de vos symptômes, de votre historique médical et de toutes vos préoccupations. Cette consultation initiale permet au professionnel de comprendre votre situation et de proposer un plan de traitement.

Évaluation et Diagnostic: Lors de la consultation, le professionnel de la santé mentale effectuera une évaluation détaillée pour diagnostiquer le type et la gravité de l'anxiété. Le diagnostic est essentiel pour élaborer un plan de traitement efficace.

Plan de Traitement Personnalisé: Après l'évaluation, le professionnel de la santé mentale créera un plan de traitement personnalisé pouvant inclure une thérapie, des médicaments, des stratégies d'adaptation et des changements de mode de vie.

Suivi et Ajustements: Il est essentiel de suivre le plan de traitement proposé et de participer aux consultations de suivi. Si nécessaire, le plan peut être ajusté en fonction des progrès ou des changements de besoins.

Participation Active au Traitement: Il est essentiel de participer activement au traitement en partageant des informations sur vos progrès, vos préoccupations et les changements que vous percevez. Cela aide le professionnel à adapter le traitement selon les besoins.

Rechercher de l'aide auprès de professionnels de la santé mentale est une étape cruciale dans la gestion de l'anxiété. Ils vous fourniront des orientations, du soutien et les outils nécessaires pour surmonter les défis liés à l'anxiété et améliorer votre qualité de vie.

Ces stratégies peuvent être combinées et adaptées en fonction des préférences et des besoins individuels, offrant ainsi une approche globale pour atténuer les impacts de l'anxiété sur la santé mentale. Il est important de se rappeler que chaque personne réagit différemment, il est donc essentiel de trouver ce qui fonctionne le mieux pour chaque individu.

L'anxiété est une force puissante capable de façonner notre monde interne de manière profonde et complexe. Dans ce chapitre, nous explorons les ramifications de cette tempête émotionnelle dans la sphère de la santé mentale. Des troubles anxieux à la perte d'estime de soi, chaque impact est une pierre qui déplace les fondations de notre santé mentale. Comprendre l'ampleur de cet impact est crucial pour notre voyage vers la guérison et l'équilibre.

Nous ne pouvons pas oublier que l'anxiété se manifeste également dans le corps physique, avec des symptômes somatiques qui peuvent parfois être confondus avec des conditions médicales. Dans le prochain chapitre, nous pénétrons dans un territoire tout aussi vital, mais souvent sous-estimé: les effets physiques de l'anxiété. Tout comme l'esprit et l'émotion, notre corps est un participant actif dans cette danse. L'anxiété s'entrelace avec notre biologie, influençant notre bien-être physique de manière surprenante. Plongeons dans cet océan complexe de connexions entre l'esprit et le corps, explorant comment notre santé physique est impactée par l'anxiété et comment nous pouvons trouver la paix au milieu de cette tempête.

6

IMPACTS SUR LA SANTÉ PHYSIQUE

Le corps parle le langage de l'anxiété; écoutez et prenez soin, car nous sommes des œuvres d'art en constante restauration.

L'anxiété, cette réaction émotionnelle et physiologique que nous expérimentons tous à un moment donné de nos vies, est une force puissante et multifacette. C'est une réponse de notre organisme au stress, un mécanisme ancien qui nous prépare à faire face aux menaces perçues, mobilisant nos énergies et notre concentration pour surmonter les défis. Cependant, lorsque cette réponse devient chronique, incontrôlée et disproportionnée par rapport aux situations réelles, elle cesse d'être notre alliée et se transforme en une source constante d'angoisse et de perturbation.

Dans ce chapitre, nous pénétrons dans le royaume des effets que l'anxiété peut avoir sur notre santé physique. Ce n'est pas seulement un fardeau pour notre esprit; c'est un fardeau que notre corps porte aussi. L'anxiété ne se limite pas à déclencher une réaction de combat ou de fuite; elle influence notre système nerveux, notre musculature, nos schémas de sommeil et, finalement, notre santé physique dans son ensemble.

Nous explorerons les effets de cette anxiété prolongée, tels que la manifestation de douleurs physiques, de tension musculaire persistante et de troubles du sommeil. Nous comprendrons comment cette réponse au stress affecte nos organes, notre système immunitaire et notre bien-être physique global. De plus, nous discuterons des stratégies et des approches pour atténuer ces impacts néfastes sur la santé physique, dans le but d'offrir des voies pour soulager le fardeau que l'anxiété impose à notre corps.

En nous préparant à plonger dans l'impact physique de l'anxiété, il est impératif de se rappeler que notre corps et notre esprit sont intrinsèquement interconnectés. Ce qui affecte l'un affecte l'autre. Ainsi, en abordant les effets de l'anxiété sur la santé physique, nous parlons également, indirectement, de son effet sur la santé mentale et vice versa. C'est une danse complexe et vitale que nous devons comprendre pour améliorer notre qualité de vie et promouvoir une santé intégrale et équilibrée.

EFFETS DE L'ANXIÉTÉ SUR NOTRE CORPS

Lorsque nous sommes dans un état d'anxiété, notre corps réagit comme si nous étions en danger, activant une réponse au stress connue sous le nom de "fight or flight" (combattre ou fuir). Cette réponse déclenche une série de réactions physiologiques qui se manifestent de manière variée et souvent angoissante:

Douleurs Physiques

L'anxiété peut se manifester physiquement de manière notable, l'une des formes les plus courantes étant les douleurs dans différentes parties du corps. Ces douleurs peuvent varier en intensité et en localisation et sont souvent déclenchées par la tension musculaire résultant de l'anxiété. Explorons plus en détail ce phénomène:

Localisations Courantes des Douleurs Physiques: L'anxiété peut se manifester par des douleurs physiques dans plusieurs parties du corps, y compris la tête, le cou, les épaules, le dos et l'estomac. Les zones les plus touchées sont celles où la tension musculaire s'accumule en raison du stress et de l'anxiété constants.

Tension Musculaire et Douleurs: La tension musculaire, une réponse physique au stress et à l'anxiété, est un mécanisme de défense du corps. Cependant, la tension chronique peut entraîner des maux de tête, des migraines, des douleurs dorsales et des inconforts abdominaux, entre autres symptômes.

Cycle Douleur-Anxiété: Un cycle néfaste peut se développer lorsque les douleurs physiques causées par l'anxiété entraînent davantage d'anxiété, créant un cercle vicieux où la douleur génère plus d'anxiété et vice versa. Rompre ce cycle peut être difficile sans interventions appropriées.

Lien Corps-Esprit: Le corps et l'esprit sont profondément interconnectés. Le stress émotionnel et l'anxiété peuvent se manifester physiquement en raison de la libération d'hormones du stress et de la tension musculaire. De même, l'inconfort physique peut affecter notre santé mentale et notre bien-être émotionnel.

Réponse du Système Nerveux: L'anxiété active le système nerveux sympathique, déclenchant des réactions physiques de lutte ou de fuite. Cela peut entraîner une augmentation du rythme cardiaque, une respiration rapide et une tension musculaire, contribuant à la sensation de douleur et d'inconfort.

Stratégies de Soulagement: Pour interrompre le cycle douleur-anxiété, il est essentiel d'adopter des stratégies visant à soulager à la fois la douleur physique et l'anxiété. Cela peut inclure des thérapies physiques telles que le massage thérapeutique et des techniques de relaxation comme la méditation et la respiration profonde.

Professionnel de la Santé: Si les douleurs physiques persistent ou s'aggravent, il est important de consulter un professionnel de la santé. Ils peuvent aider à évaluer et à proposer des traitements spécifiques pour soulager la douleur et aborder l'anxiété sous-jacente.

Les douleurs physiques peuvent devenir chroniques si l'anxiété persiste, entraînant un cycle où la douleur génère plus d'anxiété et vice versa. Comprendre la relation entre l'anxiété et les douleurs physiques est crucial pour adopter des approches de gestion efficaces qui tiennent compte à la fois des aspects émotionnels et physiques du bien-être. Le traitement intégré, qui prend en compte l'interaction entre le corps et l'esprit, est souvent le plus efficace pour faire face à ces interconnexions complexes.

Troubles du sommeil

La relation entre l'anxiété et les troubles du sommeil est complexe et peut créer un cycle vicieux qui affecte considérablement la qualité du sommeil et l'anxiété. Explorons ce sujet en profondeur:

Troubles du sommeil courants associés à l'anxiété: L'anxiété peut entraîner divers troubles du sommeil, notamment l'insomnie, des difficultés à s'endormir, à rester endormi et des cauchemars fréquents. Ces troubles résultent de l'incapacité à apaiser l'esprit avant de dormir en raison de l'anxiété persistante.

Cycle négatif entre anxiété et sommeil: L'anxiété peut déclencher des troubles du sommeil, et le manque de sommeil adéquat peut aggraver l'anxiété. Il s'agit d'un cycle négatif où l'anxiété perturbe le sommeil et le manque de sommeil intensifie l'anxiété, créant un cercle vicieux.

Esprit agité et agitation nocturne: L'esprit agité et préoccupé, courant chez les personnes anxieuses, peut empêcher le corps et l'esprit de se calmer suffisamment pour un sommeil réparateur. Les pensées incessantes et les inquiétudes peuvent maintenir la personne éveillée ou interrompre le sommeil pendant la nuit.

Impact de la privation de sommeil sur l'anxiété: Le manque de sommeil adéquat affecte négativement notre capacité à faire face au stress et à réguler nos émotions. Cela amplifie les symptômes de l'anxiété, rendant plus difficile la gestion des situations quotidiennes.

Sommeil réparateur et santé mentale: Un sommeil réparateur est essentiel pour la santé mentale. Pendant le sommeil, le cerveau traite les émotions et les événements de la journée, consolide les souvenirs et recharge l'esprit pour le lendemain. La privation de sommeil peut nuire à ces fonctions fondamentales.

Stratégies pour améliorer le sommeil: Adopter une routine de sommeil régulière, créer un environnement propice au sommeil, éviter la caféine et les appareils électroniques avant de dormir, et pratiquer des techniques de relaxation peuvent aider à améliorer la qualité du sommeil et, par conséquent, à réduire l'anxiété associée.

Intervention professionnelle: Si les troubles du sommeil persistent et affectent significativement la qualité de vie, il est crucial de rechercher l'aide d'un professionnel de la santé mentale. Ils peuvent évaluer et proposer des traitements spécifiques pour améliorer le sommeil et aborder l'anxiété sous-jacente.

Comprendre les effets physiques de l'anxiété est une partie cruciale de ce qui rend cette condition si débilitante. Comprendre comment l'anxiété affecte le corps est fondamental pour chercher des stratégies efficaces de gestion visant non seulement l'esprit, mais aussi la santé physique, favorisant un équilibre intégral pour notre bien-être.

EFFETS À LONG TERME DE L'ANXIÉTÉ SUR NOTRE SANTÉ PHYSIQUE

L'anxiété, lorsqu'elle est chronique et mal gérée, peut avoir des impacts durables et significatifs sur notre santé physique. Ces effets à long terme se manifestent de diverses manières, affectant différents systèmes et organes de notre corps:

Système cardiovasculaire

L'anxiété chronique peut exercer une pression supplémentaire sur le système cardiovasculaire, augmentant le risque de maladies cardiaques. L'exposition continue à des niveaux élevés d'hormones de stress, telles que le cortisol et l'adrénaline, peut entraîner une augmentation du rythme cardiaque, de la tension artérielle et d'autres facteurs de risque cardiovasculaire. Avec le temps, cela peut contribuer au développement de conditions cardiaques telles que l'hypertension, les arythmies et la maladie coronarienne.

Système immunitaire

L'anxiété chronique peut compromettre le système immunitaire, nous rendant plus susceptibles aux infections et aux maladies. Le stress prolongé peut supprimer la fonction immunitaire, réduisant l'efficacité de nos défenses naturelles contre les pathogènes. Cela peut entraîner un plus grand nombre d'infections, de rhumes et d'autres affections, affectant notre qualité de vie et notre bien-être.

Système respiratoire

L'anxiété peut affecter le système respiratoire, entraînant des symptômes tels que la respiration rapide, l'essoufflement et la sensation d'étouffement. À long terme, cette respiration inadéquate peut contribuer au développement de problèmes respiratoires chroniques, tels que le syndrome d'hyperventilation. L'anxiété peut également aggraver les affections respiratoires préexistantes, telles que l'asthme et la maladie pulmonaire obstructive chronique (MPOC).

Système digestif

L'anxiété chronique peut perturber le système digestif, entraînant des problèmes tels que le syndrome de l'intestin irritable (SII), les ulcères, les brûlures d'estomac et d'autres troubles gastro-intestinaux. Le stress prolongé peut affecter la motilité du tractus gastro-intestinal, provoquant des douleurs abdominales, des diarrhées, de la constipation et des douleurs.

Système musculosquelettique

La tension musculaire chronique due à l'anxiété peut entraîner des problèmes musculosquelettiques à long terme. La tension persistante peut provoquer des douleurs musculaires, de la raideur et de l'usure articulaire, affectant la mobilité et la qualité de vie.

Système nerveux central

L'anxiété chronique peut altérer la structure et la fonction du cerveau au fil du temps. Des études indiquent que les zones du cerveau impliquées dans le traitement des émotions et la réponse au stress peuvent être affectées de manière adverse par l'anxiété persistante. Ces changements peuvent être liés à une augmentation du risque de troubles neurologiques et psychiatriques.

Comprendre ces effets à long terme de l'anxiété sur la santé physique est crucial pour reconnaître l'importance d'aborder l'anxiété de manière holistique. Les stratégies efficaces de gestion de l'anxiété visent non seulement à soulager les symptômes immédiats, mais aussi à protéger et à promouvoir la santé physique à long terme.

STRATÉGIES POUR ATTÉNUER LES IMPACTS PHYSIQUES DE L'ANXIÉTÉ

L'anxiété peut exercer une pression significative sur notre corps, entraînant divers effets physiques adverses. Cependant, il existe des stratégies efficaces qui peuvent être mises en œuvre pour aider à soulager et atténuer ces impacts négatifs sur notre bien-être physique. Voici des approches efficaces pour atténuer les impacts physiques de l'anxiété:

Pratique d'exercices physiques

L'exercice régulier est un outil puissant pour soulager les effets physiques de l'anxiété. Il aide à libérer des endorphines, les neurotransmetteurs du bien-être, réduisant la tension musculaire, améliorant le sommeil et soulageant le stress. Toute forme d'activité physique, que ce soit la marche, la course, le yoga ou la natation, peut être bénéfique.

Techniques de relaxation

Intégrer des techniques de relaxation dans la routine quotidienne, telles que la méditation, la respiration profonde, la relaxation musculaire progressive et la rétroaction biologique, peut réduire la tension musculaire et calmer le système nerveux. Ces techniques aident à diminuer la réponse au stress, favorisant un sentiment de calme et de tranquillité.

Alimentation saine

Une alimentation équilibrée et saine peut avoir un impact positif sur l'anxiété et sur les effets physiques qui y sont associés. Éviter la caféine, le sucre en excès et les aliments transformés peut aider à stabiliser l'humeur et l'énergie, réduisant la tendance aux fluctuations brusques. Opter pour des aliments riches en nutriments et en vitamines, tels que les fruits, les légumes, les céréales complètes et les protéines maigres, peut soutenir la santé physique et émotionnelle.

Sommeil adéquat

Veiller à une quantité suffisante de sommeil de qualité est essentiel pour lutter contre les effets de l'anxiété sur le sommeil. Des pratiques d'hygiène du sommeil régulières, telles que maintenir un horaire de sommeil cohérent, créer un environnement propice au sommeil et limiter l'exposition aux appareils électroniques avant le coucher, peuvent améliorer la qualité du sommeil et, par conséquent, réduire les symptômes physiques liés à l'anxiété.

Activités de loisirs et récréatives

Participer à des activités de loisirs et récréatives qui procurent du plaisir et de la détente, telles que les passe-temps, la lecture, l'art, la musique ou les activités en plein air, peut contribuer à réduire l'anxiété et ses effets physiques. Ces activités favorisent une pause du stress quotidien, permettant des moments de détente et de renouvellement.

Thérapie occupationnelle

La thérapie occupationnelle ou la kinésithérapie peuvent être bénéfiques pour soulager les effets physiques de l'anxiété, en particulier la tension musculaire. Les professionnels peuvent enseigner des exercices spécifiques d'étirement et de relaxation, ainsi que des techniques pour améliorer la posture et la mobilité, réduisant la douleur et l'inconfort.

Thérapie psychologique

La Thérapie Cognitive-Comportementale (TCC) et d'autres approches thérapeutiques peuvent aider à gérer l'anxiété en réduisant ses impacts physiques. Ces thérapies aident à identifier les schémas de pensée négatifs et à développer des compétences pour faire face au stress de manière plus efficace.

Surveillance médicale

Dans les cas d'anxiété plus graves avec des effets physiques significatifs, la supervision d'un professionnel de la santé, tel qu'un médecin ou un psychiatre, est essentielle. Ils peuvent recommander des médicaments ou d'autres interventions appropriées pour soulager les symptômes physiques et émotionnels.

Dans ce chapitre, nous avons examiné de manière approfondie les effets de l'anxiété sur notre corps physique. L'anxiété n'est pas seulement un phénomène mental, mais quelque chose qui se manifeste dans notre corps de manière complexe et souvent débilitante. Des douleurs physiques aux troubles du sommeil, nous avons vu comment l'anxiété peut affecter profondément notre santé physique. Comprendre ces effets est crucial pour développer des stratégies qui nous aident à atténuer l'impact de l'anxiété sur notre bien-être physique.

Adopter des stratégies pour atténuer les impacts physiques de l'anxiété dans le cadre d'une approche globale pour la gérer peut avoir un impact positif sur notre santé physique et émotionnelle. Gardez à l'esprit que chaque personne est unique, il est donc important d'expérimenter et d'adapter ces stratégies en fonction de vos besoins et de vos préférences. La clé est de rechercher un équilibre qui favorise une vie plus saine et plus heureuse.

Dans le prochain chapitre, nous comprendrons que l'anxiété est souvent un cercle vicieux, où les symptômes se nourrissent mutuellement, créant une spirale descendante. En comprenant cette dynamique, nous pouvons commencer à briser ce cercle et à trouver des moyens d'interrompre sa progression négative.

7

LE CERCLE VICIEUX DE L'ANXIÉTÉ

Brisez les chaînes du cercle vicieux, découvrez votre liberté et respirez l'air de la tranquillité.

L'anxiété est une force puissante qui peut s'insinuer dans nos vies, créant un cercle vicieux qui semble insurmontable. C'est une expérience complexe, souvent déclenchée par des situations déclenchantes provoquant une réponse émotionnelle intense. Mais ce qui se passe ensuite est une interconnexion complexe de réponses physiologiques, comportementales et émotionnelles, créant une spirale descendante qui affecte chaque aspect de notre être.

Dans ce chapitre, nous pénétrons au cœur de ce cercle vicieux. Nous allons dévoiler ses couches, comprendre ses rouages et, plus important encore, apprendre à le briser. En comprenant le cycle auto-entretenant de l'anxiété, nous pouvons adopter des stratégies spécifiques et intentionnelles pour le rompre et favoriser une récupération complète.

COMPRÉHENSION DU CYCLE AUTO ENTRETENANT DE L'ANXIÉTÉ

L'anxiété n'est pas un événement isolé; c'est un processus complexe et interactif qui peut devenir un cycle auto-entretenant. Comprendre profondément ce cycle est essentiel pour comprendre comment l'anxiété persiste et même s'intensifie avec le temps. Nous allons explorer en détail les mécanismes impliqués dans le cercle vicieux de l'anxiété.

Déclencheurs initiaux: Le début du cycle

Le cycle de l'anxiété trouve son point de départ dans les déclencheurs initiaux, qui sont des situations, des événements ou des stimuli qui amorcent la chaîne de réactions aboutissant à l'expérience de l'anxiété. Explorons plus en détail cette étape cruciale du cycle de l'anxiété:

Nature des Déclencheurs: Les déclencheurs peuvent être divers, tels que des situations de stress au travail, des événements traumatisants passés, des incertitudes sur l'avenir, des peurs spécifiques (comme la peur de voler, des araignées, des espaces clos) ou même une réaction à un environnement particulier, comme de grandes foules ou des espaces ouverts.

Individualité des Déclencheurs: Chaque personne a ses propres sensibilités et déclencheurs uniques qui déclenchent l'anxiété. Ce qui peut être un déclencheur pour une personne peut ne pas affecter une autre de la même manière. Cette individualité est le résultat des expériences de vie, de la personnalité, de l'histoire personnelle et d'autres facteurs qui façonnent les perceptions et les réponses de chaque individu.

Variété des Déclencheurs: Les déclencheurs peuvent varier en intensité et en fréquence. Certains déclencheurs peuvent être occasionnels, tandis que d'autres peuvent être persistants. Ils peuvent survenir de manière inattendue ou être prévisibles. La grande variété des déclencheurs rend essentielle une compréhension individualisée dans le processus de gestion de l'anxiété.

Réactions aux Déclencheurs: Les réactions aux déclencheurs peuvent inclure une réponse émotionnelle immédiate, telle que la peur, l'anxiété, la panique, la tristesse ou la colère. Ces réactions émotionnelles déclenchent souvent une série de réactions physiques, cognitives et comportementales, amorçant le cycle de l'anxiété.

Lien avec les Expériences Passées: Les traumatismes passés, les expériences négatives ou même les expériences positives peuvent façonner la sensibilité aux déclencheurs. L'association d'une situation actuelle avec des expériences antérieures peut intensifier la réaction d'anxiété, créant un lien entre le passé et le présent.

Identification et Gestion: Identifier les déclencheurs est une étape fondamentale pour gérer l'anxiété. Cela permet de développer des stratégies d'adaptation appropriées pour faire face à ces situations de manière saine et constructive, brisant le cercle vicieux de l'anxiété.

Comprendre la nature et l'individualité des déclencheurs initiaux est crucial pour développer des stratégies d'adaptation efficaces et pour interrompre le cycle de l'anxiété. En reconnaissant et en comprenant ce qui déclenche l'anxiété, les personnes peuvent travailler à la prévention et à une gestion efficace de ces situations pour améliorer leur qualité de vie et leur bien-être émotionnel.

Réponse de combat ou fuite: Activation du corps

La réponse de combat ou fuite est une réaction automatique et instinctive qui survient face à des déclencheurs perçus comme menaçants. Dans l'anxiété, cette réponse est déclenchée par le système nerveux autonome et entraîne une série de changements physiques et hormonaux. Approfondissons notre compréhension de cette réponse fondamentale dans le cycle de l'anxiété:

Nature de la Réponse de Combat ou Fuite: La réponse de combat ou fuite est une réponse primitive qui vise à préparer l'organisme à affronter ou à fuir une menace perçue. Même dans des situations modernes, cette réponse persiste et peut être déclenchée par des stimuli perçus comme dangereux ou stressants.

Système Nerveux Autonome: Le système nerveux autonome, composé des systèmes nerveux sympathique et parasympathique, joue un rôle central dans la réponse de combat ou fuite. Lorsqu'il est activé, il prépare le corps à l'action immédiate.

Libération d'Hormones du Stress: L'activation de la réponse de combat ou fuite déclenche la libération d'hormones du stress telles que l'adrénaline et le cortisol dans le sang. Ces hormones préparent le corps à réagir efficacement face à la menace perçue.

Adrénaline: L'adrénaline est une hormone qui prépare le corps à l'action immédiate. Elle augmente la fréquence cardiaque, élève la pression artérielle, dilate les voies respiratoires, augmente l'énergie disponible et aiguise les sens. Ces changements physiques préparent le corps à réagir rapidement.

Cortisol: Le cortisol est une autre hormone libérée pendant la réponse de combat ou fuite. Il augmente le taux de glucose dans le sang pour fournir une énergie rapide aux muscles et au cerveau. Le cortisol supprime également les fonctions non essentielles en période de stress, comme la digestion.

Réactions Physiques de Préparation: En plus de la libération d'hormones, le corps réagit par des changements physiques immédiats, tels que la dilatation des pupilles, l'augmentation de la fréquence cardiaque, la respiration plus rapide et superficielle, l'augmentation de la transpiration et la contraction musculaire. Ces réactions préparent le corps à l'action, que ce soit pour combattre la menace ou s'enfuir.

But Évolutif: La réponse de combat ou fuite a joué un rôle crucial dans la survie des ancêtres humains, permettant des réactions rapides face aux prédateurs ou aux situations dangereuses. Bien que notre vie moderne présente des défis différents, cette réponse continue d'être activée dans des situations de stress et d'anxiété.

Comprendre l'activation du corps lors de la réponse de combat ou fuite dans l'anxiété est essentiel pour aborder efficacement le cycle de l'anxiété. Les stratégies de gestion du stress et de l'anxiété peuvent être ciblées pour moduler cette réponse et favoriser un équilibre entre la réaction au stress et le bien-être émotionnel.

Manifestation physique et émotionnelle: Sensations d'anxiété

Lorsque la réponse de combat ou de fuite est déclenchée par l'anxiété, elle se manifeste par diverses sensations physiques et émotionnelles qui peuvent être accablantes et intensifier le sentiment d'anxiété. Explorons plus en profondeur ces manifestations:

Accélération du Rythme Cardiaque: L'une des manifestations physiques courantes est l'accélération du rythme cardiaque. Le cœur commence à battre plus rapidement dans le cadre de la préparation à une éventuelle action de confrontation.

Respiration Superficielle ou Saccadée: La respiration peut devenir plus superficielle et rapide. Cela se produit pour s'assurer que le corps reçoit suffisamment d'oxygène pour faire face à la situation perçue comme menaçante.

Tension Musculaire: L'activation du système nerveux autonome pendant l'anxiété entraîne une tension musculaire généralisée. Les muscles peuvent devenir contractés et raides, contribuant à des sensations inconfortables.

Transpiration Excessive: L'anxiété peut déclencher une réponse de transpiration excessive, se traduisant par des mains moites, des paumes moites et, dans certains cas, une transpiration généralisée.

Vertiges et Sensations d'Étourdissement: Certains individus peuvent ressentir des vertiges ou une sensation d'étourdissement. Cela est lié à la réponse du système vestibulaire de l'oreille interne au stress.

Inconfort Gastro-intestinal: L'anxiété peut affecter le tractus gastro-intestinal, entraînant des sensations d'inconfort abdominal, de nausées ou de diarrhée.

Agitation et Sensation d'Agitation: Les personnes anxieuses présentent souvent de l'agitation physique, comme bouger les jambes, balancer les pieds ou bouger constamment les mains.

Pensées Intrusives: L'esprit peut être submergé par des pensées inquiétantes et intrusives liées à la situation stressante. Ces pensées peuvent devenir obsessionnelles.

Peur et Préoccupations Intensifiées: La réponse de combat ou de fuite peut amplifier la peur et les préoccupations concernant la situation déclenchante, entraînant une spirale d'anxiété.

Sensation de Danger Imminent: Une sensation générale de danger imminent ou de menace imminente est courante lors d'un épisode d'anxiété déclenché par le cycle de combat ou de fuite.

Ces manifestations physiques et émotionnelles de l'anxiété peuvent être accablantes et contribuer à un cycle d'anxiété persistant. Comprendre ces manifestations est crucial pour développer des stratégies efficaces d'adaptation, y compris des techniques de relaxation, de méditation et de thérapie cognitive-comportementale, visant à apaiser le corps et l'esprit, à briser le cycle de l'anxiété et à favoriser la guérison mentale.

Schémas de pensée négatifs: Cycle cognitif

Les schémas de pensée négatifs jouent un rôle clé dans le cycle de l'anxiété, influençant notre perception et notre réaction aux situations déclencheuses. Explorons de manière plus approfondie ce cycle cognitif et comment il est lié à l'anxiété:

Anticipation du Pire: Pendant un épisode d'anxiété, l'esprit a tendance à anticiper le pire scénario possible concernant la situation déclenchante. Cette anticipation excessive et pessimiste peut intensifier l'anxiété.

Catastrophisation: La tendance à la catastrophisation est amplifiée dans l'anxiété. Les personnes peuvent imaginer les pires conséquences d'une situation, même si elles sont hautement improbables. Cette amplification du danger peut entraîner une augmentation exponentielle de l'anxiété.

Préoccupation Excessive: L'esprit anxieux peut entrer dans un cycle de préoccupation excessive. Les pensées continuent de tourner autour de la situation, souvent en répétant les mêmes peurs et incertitudes, entraînant une augmentation de l'état d'anxiété.

Pensées de Dépréciation de Soi: Pendant l'anxiété, l'estime de soi peut être compromise. Les individus peuvent avoir des pensées négatives à leur propre sujet, doutant de leurs capacités et compétences. Ces pensées de dépréciation de soi peuvent intensifier l'anxiété.

Autocritique Constante: L'autocritique est courante dans l'anxiété. Les personnes peuvent se critiquer de manière implacable, se concentrant sur les erreurs perçues ou les prétendues failles, ce qui peut alimenter encore davantage l'anxiété et la peur.

Ruminer le Passé: L'esprit anxieux reste souvent fixé sur les événements passés, revisitant des situations où il se sentait anxieux ou peu sûr. Cette habitude de rumination peut intensifier l'anxiété en renforçant les schémas de pensée négatifs.

Exagération de la Gravité de la Situation: Les schémas de pensée négatifs peuvent conduire à une vision exagérée de la gravité de la situation. Les inquiétudes peuvent être amplifiées, entraînant une anxiété excessive.

Hypervigilance: L'anxiété peut conduire à une hypervigilance à l'égard des menaces potentielles. Cela signifie que les individus sont constamment attentifs aux signaux de danger, ce qui perpétue le cycle de l'anxiété.

Comprendre ces schémas de pensée est essentiel pour aborder l'anxiété de manière efficace. Le changement dans les schémas cognitifs peut interrompre le cycle négatif et favoriser une meilleure santé mentale.

Comportements d'évitement et de sécurité: Réponses d'adaptation

Les comportements d'évitement et de sécurité sont des stratégies que les gens adoptent pour faire face à l'anxiété. Approfondissons notre compréhension de ces réponses adaptatives et de leur influence sur le cycle de l'anxiété:

Évitement: L'évitement implique d'éviter ou de s'éloigner des situations, des activités ou des endroits perçus comme des déclencheurs d'anxiété. Cela peut inclure l'évitement des réunions sociales, des espaces bondés, des présentations publiques ou de tout scénario inconfortable. L'évitement procure un soulagement immédiat, mais maintient l'anxiété à long terme car la personne n'affronte pas et ne surmonte pas ses inquiétudes.

Recherche de Garanties: Certaines personnes cherchent des garanties pour se sentir plus en sécurité dans des situations anxieuses. Cela peut inclure demander à plusieurs reprises l'avis des autres pour valider leurs décisions, chercher constamment des informations sur une situation ou effectuer des vérifications répétitives pour s'assurer que tout est en ordre. Cette recherche de garanties soulage temporairement l'anxiété, mais ne résout pas la cause sous-jacente.

Rituels Répétitifs: Les rituels répétitifs, également connus sous le nom de compulsions, sont des actions ou des comportements effectués de manière répétitive en réponse à l'anxiété. Cela peut inclure un lavage excessif des mains, vérifier les portes plusieurs fois, compter compulsivement ou effectuer des mouvements spécifiques. Ces rituels offrent un sentiment de contrôle temporaire sur l'anxiété, mais à long terme, ils contribuent au maintien de l'anxiété.

Évitement des Situations Inconfortables: Éviter les situations qui déclenchent de l'anxiété est une forme courante de comportement d'évitement. Les gens peuvent éviter les situations sociales, les défis au travail ou même les activités quotidiennes qu'ils craignent de déclencher de l'anxiété. L'évitement limite l'exposition à l'anxiété, mais limite également la croissance personnelle et la surmontée des préoccupations.

Dépendance aux "Zones de Confort": Certaines personnes créent des zones de confort où elles se sentent en sécurité et moins anxieuses. Elles peuvent s'accrocher à des environnements ou à des activités spécifiques qui leur procurent du réconfort, refusant de quitter ces zones. Bien qu'elles puissent ressentir un soulagement temporaire, cette dépendance aux zones de confort ne traite pas l'anxiété sous-jacente et peut conduire à une vie limitée.

Schémas d'Évitement Généralisés: Avec le temps, l'évitement peut devenir généralisé, conduisant à l'évitement d'une large gamme de situations. Cela restreint la vie de la personne, créant des obstacles à la croissance personnelle et à la réalisation des objectifs.

Ces comportements d'évitement et de sécurité sont compris comme des mécanismes d'adaptation offrant un soulagement momentané de l'anxiété. Cependant, à long terme, ils maintiennent l'anxiété et contribuent à la persistance du cycle de l'anxiété.

Renforcement du cycle: Apprentissage et conditionnement

Approfondissant notre compréhension sur la manière dont l'anxiété se perpétue, explorons la phase de renforcement du cycle, qui implique l'apprentissage et le conditionnement. Ce processus joue un rôle crucial dans la persistance et l'intensification de l'anxiété au fil du temps:

Apprentissage Associatif: Chaque fois qu'une personne fait l'expérience de la réponse de lutte ou de fuite dans une situation anxieuse donnée, un processus d'apprentissage associatif se produit dans le cerveau. Il associe les stimuli ou situations déclencheurs aux sentiments d'anxiété qu'elle a éprouvés. Par exemple, si une personne ressent de l'anxiété lors d'une présentation publique, son esprit associe cette situation spécifique (scène, public, etc.) aux symptômes d'anxiété.

Renforcement de l'Anxiété: Cet apprentissage associatif renforce la réponse anxieuse. Chaque fois que la personne est exposée à la situation redoutée, le cerveau réaffirme cette association anxieuse. Ainsi, l'anxiété augmente et devient une réponse automatique face à ces stimuli.

Conditionnement Classique: Ce processus est similaire au conditionnement classique, un concept largement étudié en psychologie. Le stimulus neutre initial (la situation) devient un stimulus conditionné qui déclenche une réponse anxieuse similaire à la situation réelle. Le cerveau apprend à anticiper l'anxiété en présence de ces stimuli conditionnés.

Sensibilisation: Avec le temps et la répétition de ce processus, la sensibilisation se produit. Cela signifie que l'anxiété s'intensifie avec le temps, devenant plus prononcée et difficile à contrôler. Le cycle de l'anxiété se perpétue, et faire face aux situations redoutées peut devenir encore plus difficile.

Difficulté à Rompre le Cycle: La sensibilisation et le conditionnement aboutissent à un cycle auto-entretenu. Le cerveau est désormais fortement sensibilisé à associer ces stimuli à l'anxiété, rendant la rupture du cycle plus difficile. Même des situations initialement non anxieuses peuvent commencer à évoquer de l'anxiété en raison de ce conditionnement.

Comprendre cette dynamique de renforcement est crucial pour aborder l'anxiété de manière efficace.

Persistance et intensification: Le cycle perpétuel

Approfondissons notre compréhension de la phase de persistance et d'intensification dans le cycle autoperpétuel de l'anxiété, en comprenant comment ce cycle se renforce et persiste au fil du temps:

Automatisation de la Réponse Anxieuse: À mesure que le cycle de l'anxiété se répète, la réponse anxieuse devient automatisée. Le cerveau crée un lien fort et rapide entre les déclencheurs et la réponse anxieuse, entraînant une réaction pratiquement instantanée.

Élargissement de la Gamme des Situations Anxieuses: Avec le temps, l'anxiété peut se généraliser au-delà des situations ou des stimuli initiaux. Initialement associée à certains déclencheurs, l'anxiété commence à être déclenchée par une gamme plus large de stimuli liés ou non à la situation initiale.

Cycle qui se Renforce Mutuellement: L'intensification de l'anxiété et sa généralisation conduisent à un cycle qui se renforce mutuellement. L'anxiété généralisée amplifie la sensation de danger perçu, alimentant le cycle et le rendant plus difficile à interrompre.

Difficulté à Distinguer la Cause de l'Effet: Avec l'intensification du cycle, il devient difficile pour la personne de discerner ce qui est venu en premier: l'anxiété ou la situation qui la déclenche. Ce processus rend difficile l'identification précise des racines de l'anxiété, compliquant l'intervention efficace.

Perpétuation Inconsciente: Une partie de ce cycle se produit de manière inconsciente. Les schémas de réponse anxieuse peuvent être si automatiques et subtils que la personne peut ne pas percevoir consciemment qu'elle est prise dans ce cycle autoperpétuel.

Besoin d'une Intervention Consciente: Compte tenu de l'automatisation et de la généralisation de l'anxiété, un effort conscient et une intervention thérapeutique sont nécessaires pour briser ce cycle. Des stratégies thérapeutiques spécifiques telles que les techniques d'exposition, la restructuration cognitive et la régulation émotionnelle sont vitales pour aider à interrompre l'intensification et la persistance de l'anxiété.

Comprendre cette phase du cycle autoperpétuel est essentiel pour élaborer des stratégies thérapeutiques efficaces qui peuvent défier et modifier ces schémas, favorisant une réponse plus adaptative aux situations déclenchantes de l'anxiété et ainsi rompre le cycle persistant de l'anxiété.

En identifiant les points d'intervention et en mettant en œuvre des stratégies efficaces, nous pouvons interrompre le cycle autoperpétuel et commencer notre voyage vers la guérison et le bien-être mental.

MÉTHODES POUR ROMPRE LE CYCLE ET PROMOUVOIR LA GUÉRISON

Rompre le cycle autoperpétuel de l'anxiété est essentiel pour soulager la détresse et favoriser une meilleure santé mentale et physique. Explorons des stratégies et méthodes efficaces pour interrompre ce cycle vicieux et commencer le processus de guérison.

Conscience et éducation

La première étape cruciale est la prise de conscience de la nature du cycle de l'anxiété. Comprendre comment les déclencheurs, les réponses physiques et les schémas de pensée sont interconnectés est fondamental. L'éducation sur l'anxiété, ses symptômes et ses effets aide la personne à reconnaître quand le cycle commence et à prendre des mesures pour l'interrompre.

Pratique de l'exposition graduelle

L'exposition graduelle est l'une des stratégies les plus efficaces pour surmonter l'évitement. Commencez progressivement à vous exposer aux situations qui vous font ressentir de l'anxiété, en commençant par les moins redoutées. Peu à peu, affrontez des situations plus difficiles. Cela aide à désactiver la réponse anxieuse et à montrer à votre cerveau que la situation n'est pas aussi dangereuse qu'elle ne le semble.

Techniques de relaxation

Les pratiques de relaxation telles que la respiration profonde, la méditation, le yoga et la pleine conscience peuvent aider à réduire l'activation du système nerveux sympathique. En apaisant le corps et l'esprit, vous pouvez interrompre le cycle de l'anxiété en réduisant la réponse physique au stress.

Recherche d'aide professionnelle

Un professionnel de la santé mentale, tel qu'un psychologue ou un psychiatre, peut fournir une orientation spécialisée pour comprendre et faire face à l'anxiété. La thérapie cognitivo-comportementale (TCC) est un traitement courant et très efficace pour les troubles anxieux.

Mode de vie sain

Maintenir un mode de vie sain, y compris une alimentation équilibrée, des exercices réguliers et un bon rythme de sommeil, peut aider à équilibrer les neurotransmetteurs et à favoriser un état mental plus stable, aidant ainsi à rompre le cycle de l'anxiété.

Apprentissage de stratégies d'adaptation

Développer des compétences d'adaptation saines, telles que la résolution de problèmes, la pensée positive et la communication assertive, peut aider à faire face aux situations déclenchantes de manière plus efficace, rompant ainsi le cycle de l'anxiété.

Pratique de la pleine conscience

La pratique régulière de la pleine conscience aide à rester dans le présent, évitant que l'anxiété concernant l'avenir et les remords du passé ne vous retiennent. Cela peut interrompre le cycle autoperpétuel, vous permettant de vous concentrer sur des actions positives et constructives.

Intégrer des activités de relaxation dans la routine quotidienne

Intégrer des activités de relaxation dans votre routine quotidienne, même aux moments où vous n'êtes pas anxieux, peut aider à réguler le stress et à éviter son accumulation, rompant ainsi le cycle de l'anxiété.

Soutien social

Parler à des amis, à la famille ou participer à des groupes de soutien peut fournir le soutien nécessaire pour rompre le cycle de l'anxiété. Partager des expériences et apprendre des autres peut être extrêmement utile dans le parcours de la récupération.

Prendre soin de soi

Pratiquez l'auto-soin de manière constante. Prenez du temps pour vous, faites des choses qui vous font vous sentir bien, prenez soin de votre santé physique et émotionnelle. Un corps et un esprit sains sont plus aptes à rompre le cycle de l'anxiété.

Le cycle vicieux de l'anxiété est un piège complexe, mais il n'est pas invincible. Dans le chapitre précédent, nous avons exploré en détail comment l'anxiété peut devenir un cycle autoperpétuel, alimenté par des pensées, des réponses physiques et des émotions interconnectées. La compréhension est la première étape vitale pour surmonter ce piège. Maintenant, nous nous tournons vers des stratégies pratiques et accessibles pour rompre ce cycle, reprendre le contrôle et travailler vers une vie plus équilibrée et sereine.

Le chemin vers la surmonte de l'anxiété passe par la gestion de soi. Dans le prochain chapitre, nous plongerons dans des stratégies précieuses pour vous aider à reprendre le contrôle et à retrouver la paix intérieure. Des pratiques quotidiennes aux techniques profondes d'auto-réflexion, nous apprendrons à cultiver la résilience et à trouver la paix au milieu de la tempête de l'anxiété. Ces stratégies ne sont pas seulement des outils; elles sont des invitations à une nouvelle façon de vivre, en toute confiance et clarté.

8

STRATÉGIES D'AUTO-GESTION

Soyez le chef d'orchestre de votre propre calme, composez votre mélodie et harmonisez votre être.

Nous vivons dans un monde en mouvement constant, rempli d'exigences, d'attentes et de défis. Dans ce contexte, il est courant que l'anxiété se manifeste, devenant souvent une compagne indésirable de notre quotidien. L'anxiété peut varier de légère à intense, impactant notre qualité de vie et notre bien-être. Cependant, nous ne sommes pas condamnés à être les otages de l'anxiété. Nous pouvons développer des stratégies pratiques et efficaces pour la gérer et promouvoir notre équilibre émotionnel.

Ce chapitre est un voyage à travers l'univers des stratégies d'autogestion de l'anxiété. Nous explorerons des méthodes éprouvées qui peuvent aider à soulager l'anxiété et à apporter la sérénité dans nos vies. Ce sont des outils à notre portée, attendant d'être appliqués et intégrés à notre quotidien.

Nous comprendrons l'importance de l'acceptation, de l'exercice physique, de la restructuration cognitive et d'autres pratiques qui se sont révélées efficaces dans la réduction des niveaux d'anxiété. De plus, nous plongerons dans le royaume de la respiration consciente, de la relaxation progressive et de la pleine conscience, des techniques puissantes qui nous connectent au présent et nous aident à trouver la paix intérieure.

En adoptant ces stratégies, nous ne faisons pas que combattre les symptômes de l'anxiété. Nous cultivons une mentalité résiliente, renforçant notre capacité à relever les défis et à promouvoir notre santé mentale et physique.

STRATÉGIES PRATIQUES POUR FAIRE FACE AUX MOMENTS DE FORTE ANXIÉTÉ

Lorsque nous sommes confrontés à des moments d'anxiété élevée, il est essentiel de disposer de stratégies pratiques pour nous aider à naviguer dans ces eaux agitées de manière efficace et saine. L'anxiété intense peut se manifester dans diverses situations, que ce soit avant une présentation importante ou dans des situations de grande incertitude. Voici des stratégies pratiques qui peuvent aider à faire face à de tels moments et à reprendre le contrôle de nos émotions:

Respiration consciente (ou Technique de la respiration profonde)

La respiration consciente est un outil puissant pour soulager immédiatement l'anxiété. Elle aide à calmer le système nerveux, réduisant la fréquence cardiaque et la pression artérielle. Un exercice simple consiste à inspirer lentement par le nez, en comptant jusqu'à quatre, à retenir la respiration pendant quatre secondes, puis à expirer par la bouche en comptant à nouveau jusqu'à quatre. Répéter ce cycle quelques fois peut apporter un soulagement immédiat.

Pratique de l'Acceptation et de l'Engagement (ACT)

L'ACT est une approche qui implique d'accepter les pensées et les sentiments sans les juger, en permettant qu'ils passent dans l'esprit sans lutter contre eux. Ensuite, engagez-vous à agir conformément à vos valeurs personnelles, même en présence de ces pensées inconfortables. Cela aide à éviter de lutter contre l'anxiété, ce qui l'intensifie souvent.

Exercices physiques réguliers

La pratique régulière d'exercices physiques, tels que la marche, la course, le yoga ou la danse, libère des endorphines, des neurotransmetteurs qui soulagent le stress et l'anxiété. De plus, l'exercice contribue à maintenir un sommeil sain, ce qui est crucial pour maîtriser l'anxiété.

Pratique de la pleine conscience et de la méditation

La pleine conscience et la méditation peuvent aider à calmer l'esprit et à cultiver la conscience du moment présent. En se concentrant sur la respiration ou sur un objet spécifique, nous pouvons éloigner les pensées anxieuses et trouver un état de calme et d'équilibre.

Établissement d'objectifs réalistes

Définir des objectifs réalistes et atteignables contribue à réduire l'anxiété liée à la performance. Établir des objectifs spécifiques, mesurables, atteignables, pertinents et limités dans le temps (connus sous le nom d'objectifs SMART) peut donner un sentiment de contrôle et réduire l'anxiété.

Techniques de relaxation musculaire progressive

Cette technique consiste à contracter et à relaxer intentionnellement les groupes musculaires, en commençant par les pieds et en remontant jusqu'à la tête. Ce processus aide à libérer la tension physique et mentale, favorisant ainsi la sensation de relaxation.

Développement de loisirs relaxants

Pratiquer des loisirs relaxants, tels que la peinture, le jardinage, la cuisine ou l'écoute de musique, peut offrir une pause par rapport aux sources de stress et d'anxiété, permettant ainsi un moment de repos et de revitalisation.

Pratique du dialogue intérieur positif

Développer un dialogue intérieur positif et encourageant peut aider à inverser les schémas de pensée négative. S'encourager soi-même avec des paroles de soutien peut changer la perspective et réduire l'anxiété.

Adopter ces stratégies pratiques dans les moments d'anxiété élevée peut faire une différence significative, nous permettant de faire face aux défis de manière plus équilibrée et résolue. Chaque personne est unique, il est donc important d'expérimenter et de découvrir quelles stratégies fonctionnent le mieux pour vous. L'important est que ces pratiques soient alignées avec vos valeurs et contribuent à votre santé mentale et à votre bien-être.

TECHNIQUES DE RESPIRATION, DE RELAXATION ET DE PLEINE CONSCIENCE POUR CONTRÔLER L'ANXIÉTÉ

Contrôler l'anxiété peut être atteint grâce à des techniques de respiration, de relaxation et de pleine conscience. Ces stratégies sont efficaces pour apaiser l'esprit, réduire le stress et aider à rétablir l'équilibre interne. Ci-dessous, nous approfondirons ces pratiques et comment elles peuvent être appliquées de manière efficace:

Techniques de Respiration

La respiration est un outil puissant pour le contrôle de l'anxiété, car elle est directement liée à notre système nerveux et à notre état émotionnel. L'utilisation de techniques de respiration peut aider à apaiser l'esprit, à réduire le stress et à procurer une sensation de relaxation. Explorons certaines de ces techniques:

Respiration Diaphragmatique (ou Respiration Abdominale): Cette technique implique une respiration profonde, commençant par remplir d'abord l'abdomen, puis la poitrine. En inspirant, l'abdomen se dilate, et en expirant, il se contracte. Cela aide à calmer le système nerveux et à réduire l'anxiété.

Comment faire:

1. Asseyez-vous ou allongez-vous confortablement.
2. Placez une main sur la poitrine et l'autre sur l'abdomen.
3. Inspirez lentement par le nez, en commençant par remplir d'abord l'abdomen puis la poitrine.
4. Expirez par la bouche ou le nez, libérant l'air d'abord de la poitrine, puis de l'abdomen.

Modèle de Respiration 4-7-8: Dans ce modèle, vous inspirez par le nez en comptant jusqu'à quatre, retenez votre respiration pendant sept secondes et expirez par la bouche en comptant jusqu'à huit. Répétez ce cycle plusieurs fois. Cela aide à calmer l'esprit et à induire le sommeil.

Comment faire:

1. Fermez les yeux et placez la pointe de la langue contre le palais, juste derrière les dents supérieures.
2. Expirez complètement par la bouche, produisant un son de "quh" en expirant.
3. Fermez la bouche et inspirez silencieusement par le nez, en comptant mentalement jusqu'à quatre.
4. Retenez votre respiration et comptez jusqu'à sept.
5. Expirez lentement par la bouche, en comptant jusqu'à huit, en produisant à nouveau le son de "quh".

Respiration Alternée (Nadi Shodhana): Il s'agit d'une technique de respiration utilisée en yoga. Elle consiste à alterner les narines pendant la respiration, équilibrant ainsi les hémisphères cérébraux et procurant un effet apaisant.

Comment faire:

1. Asseyez-vous confortablement avec le dos droit.
2. Utilisez le pouce pour fermer la narine droite et inspirez lentement par la narine gauche.
3. Après une inspiration complète, fermez la narine gauche avec l'annulaire et retenez votre respiration pendant quelques secondes.
4. Libérez la narine droite et expirez lentement par celle-ci.
5. Inspirez par la narine droite, fermez-la, et expirez par la narine gauche.
6. Continuez à alterner de cette manière.

Ces techniques de respiration sont des outils précieux pour apaiser l'esprit et le corps en période d'anxiété. Les pratiquer régulièrement peut améliorer la capacité à faire face au stress, offrant tranquillité d'esprit et équilibre émotionnel. Le choix de la technique dépendra de la situation et de vos préférences personnelles. Essayez chacune d'elles et incorporez-les dans votre routine pour en récolter les avantages durables.

Techniques de relaxation

En plus des techniques de respiration, il existe diverses approches de relaxation qui peuvent être très efficaces pour soulager l'anxiété et le stress. Ces techniques visent à réduire la tension musculaire, à apaiser l'esprit et à créer un état de tranquillité. Explorons quelques-unes d'entre elles:

Relaxation Musculaire Progressive: Cette technique implique de contracter et de relaxer des groupes musculaires, en commençant par les pieds et en remontant jusqu'à la tête. Elle aide à libérer les tensions accumulées dans le corps.

Comment faire:

1. Asseyez-vous ou allongez-vous confortablement.
2. Commencez par contracter les muscles des pieds pendant quelques secondes, puis relâchez-les complètement.
3. Continuez en contractant et en relâchant progressivement chaque groupe musculaire en remontant des pieds à la tête.
4. En contractant, ressentez la tension dans les muscles, et en relâchant, ressentez la libération de la tension.

Visualisation Guidée: Consiste à imaginer un environnement ou une situation relaxante. Vous pouvez créer une scène paisible dans votre esprit et vous concentrer dessus pour réduire l'anxiété.

Comment faire:

1. Trouvez un endroit calme et asseyez-vous ou allongez-vous confortablement.
2. Fermez les yeux et respirez profondément pour vous détendre.
3. Créez une scène relaxante dans votre esprit – cela peut être une plage, une forêt ou n'importe quel endroit qui apporte de la tranquillité.
4. Visualisez tous les détails de cette scène, des couleurs aux sons et aux odeurs.

Biofeedback: C'est une méthode qui permet à une personne d'apprendre à contrôler les fonctions corporelles telles que la fréquence cardiaque, la pression artérielle et la tension musculaire. Grâce à cette rétroaction, on peut apprendre à se détendre consciemment.

Comment faire:

1. Consultez un professionnel de la santé spécialisé dans le biofeedback.
2. Lors d'une séance, des capteurs surveilleront vos fonctions corporelles.
3. Avec l'orientation du professionnel, vous apprendrez des techniques pour contrôler et réduire ces fonctions.

Ces techniques de relaxation sont précieuses pour réduire l'anxiété, promouvoir le bien-être et améliorer la santé mentale. Intégrer ces pratiques dans votre quotidien peut faire une différence significative dans la façon dont vous gérez le stress et l'anxiété. Essayez chacune d'elles et découvrez celle qui correspond le mieux à votre style de vie et à vos besoins. La pratique régulière de ces techniques peut vous aider à atteindre un état de calme et d'équilibre.

Pratiques de pleine conscience

La pleine conscience, une pratique ancienne enracinée dans la méditation bouddhiste, est un puissant outil pour gérer l'anxiété. Elle implique une attention consciente au moment présent, permettant une compréhension plus profonde de nous-mêmes et du monde qui nous entoure. Explorons quelques pratiques de pleine conscience qui peuvent aider à réduire l'anxiété et à promouvoir le bien-être mental:

Méditation de Pleine Conscience: La méditation de pleine conscience est l'un des piliers fondamentaux de cette pratique. Elle consiste à prendre du temps pour se concentrer sur sa respiration et sur le moment présent. Asseyez-vous confortablement, prêtez attention à votre respiration et, lorsque votre esprit vagabonde (ce qui est normal), ramenez doucement votre attention à votre respiration. Cela aide à calmer l'esprit et à créer un état de tranquillité.

Attention Consciente aux Sensations du Corps: Cette technique dirige votre attention vers les sensations physiques de votre corps. Asseyez-vous dans un endroit calme et portez attention aux sensations de votre corps - la pression contre la chaise, la sensation du sol sous vos pieds, la température de la peau. Cela vous aide à vous connecter avec le moment présent et à éloigner les pensées anxieuses.

Observation Non Jugeante des Pensées: L'observation non jugeante des pensées est une pratique d'acceptation. Au lieu de juger ou de réagir émotionnellement à vos pensées, contentez-vous de les observer. Reconnaissez qu'elles sont là, mais ne vous impliquez pas émotionnellement avec elles. Cela peut apporter une compréhension plus claire de vos schémas de pensée et aider à libérer l'anxiété qui y est associée.

Tout au long de ce chapitre, nous avons plongé dans les profondeurs des stratégies d'autogestion, découvrant des outils précieux pour faire face et contrôler l'anxiété. Des techniques de respiration qui nous aident à trouver le calme aux méthodes de relaxation qui soulagent les tensions accumulées, chaque stratégie est une pièce importante du puzzle de la gestion de l'anxiété.

La pleine conscience, avec sa capacité à nous maintenir ancrés dans le présent, et la visualisation, qui nous transporte dans des environnements paisibles, sont de puissantes ressources pour équilibrer notre esprit et notre corps. La pratique régulière de ces techniques peut véritablement transformer notre relation avec l'anxiété et nous offrir une plus grande sensation de calme, une meilleure clarté mentale et une réponse plus équilibrée au stress. N'oubliez pas, la clé est la pratique régulière et l'intégration de ces techniques dans votre quotidien pour récolter les bénéfices à long terme.

Dans le prochain chapitre, nous explorerons la résilience, une compétence essentielle pour prospérer face aux adversités que la vie nous présente. La résilience n'est pas seulement la capacité de résister au stress, mais aussi la capacité de s'adapter, d'apprendre et de grandir grâce aux expériences difficiles. Ensemble, nous découvrirons comment nous pouvons devenir plus résilients, en faisant face aux défis avec courage et en les transformant en opportunités pour notre croissance personnelle.

9

CONSTRUIRE RÉSILIENCE

Comme un arbre robuste, pliez-vous avec les tempêtes, mais ne rompez jamais; grandissez, fleurissez et éclatez.

La vie est un cycle de hauts et de bas, de défis et de triomphes. Dans notre parcours, nous sommes confrontés à des turbulences inattendues, à des chutes qui nous coupent le souffle et à des collisions qui déstabilisent notre équilibre émotionnel. Dans cet univers d'incertitudes et de changements, la résilience émerge comme une ancre vitale qui nous maintient debout, nous permettant non seulement de survivre, mais de prospérer face aux adversités.

La résilience est bien plus que de résister à la tempête. C'est un orchestre magistral de notre force intérieure et de notre capacité à transformer le négatif en positif, la souffrance en croissance personnelle. Elle se traduit par la capacité de flexibiliser notre esprit et notre cœur pour s'adapter, apprendre et évoluer à partir des défis auxquels nous sommes confrontés.

Dans ce chapitre, nous explorerons profondément la construction de la résilience, un voyage intérieur de découverte de soi et de renforcement. Nous apprendrons comment cultiver cette qualité intrinsèque, la nourrir et la voir s'épanouir en nous et dans notre vie quotidienne.

Nous allons dévoiler les techniques et les mentalités qui nous aident à devenir plus résilients, à transformer la douleur en sagesse et l'adversité en croissance.

LA NATURE DE LA RÉSILIENCE

La résilience n'est pas un don accordé à quelques chanceux, mais une compétence qui peut être cultivée par nous tous. C'est l'art de se plier sans se rompre, de trouver de l'espoir quand tout semble perdu et de surgir des cendres avec une détermination renouvelée.

Cette force intérieure nous permet de transformer les adversités en opportunités de croissance. Face aux situations les plus difficiles, la résilience nous permet de trouver de l'espoir, d'apprendre des chutes et d'émerger avec une détermination renouvelée. C'est un chemin de dépassement et d'autoperfectionnement, où les cicatrices du passé deviennent des fondations pour un avenir plus solide.

COMMENT DÉVELOPPER LA RÉSILIENCE ÉMOTIONNELLE

La résilience est une qualité dynamique, une force qui s'adapte, évolue et se renforce avec le temps. C'est comme un muscle qui peut être exercé et tonifié. Plus nous la pratiquons, plus elle se développe, gagnant en intensité et en profondeur.

Développer la résilience émotionnelle est un voyage intérieur qui demande de l'auto-exploration, de la conscience et de l'action consciente. C'est une qualité qui, tout comme un muscle, peut être renforcée et améliorée avec le temps. Plongeons profondément dans l'art de cultiver cette compétence cruciale, où la connaissance de soi et l'acceptation émotionnelle jouent un rôle fondamental.

Connaissance de soi et acceptation émotionnelle

La résilience commence en nous, dans la compréhension et l'acceptation de nos émotions. Connaître nos propres schémas émotionnels, déclencheurs et réactions, c'est comme dresser une carte du terrain émotionnel que nous habitons. Accepter pleinement ces émotions, même celles que nous considérons difficiles ou inconfortables, est la première étape pour apprendre à les gérer de manière saine. Reconnaître que toutes les émotions ont un but et sont valides est un acte d'auto-empathie qui constitue la base de notre résilience.

Un solide réseau de soutien social

Aucun d'entre nous n'est seul dans ce voyage. Avoir un solide réseau de soutien social est un pilier fondamental de la résilience émotionnelle. Les amis, la famille ou les groupes de soutien sont des sources précieuses de soutien en temps de besoin. La capacité de partager nos inquiétudes, nos peurs et nos défis avec les autres crée un sentiment d'appartenance et allège le fardeau émotionnel que nous portons. En tendant la main pour demander de l'aide et en offrant de l'aide lorsque c'est possible, nous construisons des ponts essentiels qui nous renforcent sur le long chemin de la vie.

Flexibilité cognitive

Notre façon d'interpréter et de réagir aux événements est un aspect crucial de la résilience émotionnelle. Elle est liée à notre flexibilité cognitive, qui est la capacité d'adapter notre manière de penser face à des situations difficiles. Il est essentiel d'être capable d'évaluer les situations sous différentes perspectives, de remettre en question nos croyances et d'ajuster nos réponses en fonction de la réalité en évolution. Cultiver un esprit flexible et ouvert nous aide à ne pas rester pris dans des schémas de pensée limitants, nous permettant de trouver des solutions créatives et constructives aux défis auxquels nous sommes confrontés.

Établissement d'objectifs et focalisation sur l'avenir

Établir des objectifs tangibles et réalistes est une manière efficace de donner une direction et un but à notre vie. Même les plus petits objectifs peuvent être de puissants ancrages pour la résilience. Ils nous aident à maintenir un sentiment de progression, à croire en notre potentiel et à fournir une boussole pour notre chemin. Se concentrer sur l'avenir, visualiser nos objectifs et croire que nous pouvons les atteindre, même face aux difficultés, est un aspect essentiel de la résilience. C'est un rappel constant qu'il y a de la lumière au bout du tunnel, même dans les moments les plus sombres.

Santé physique et bien-être

La santé physique et émotionnelle sont étroitement liées. Maintenir un mode de vie sain est une base solide pour la résilience émotionnelle. Une alimentation équilibrée, des exercices physiques réguliers et un sommeil adéquat sont des piliers qui renforcent notre corps, ce qui, à son tour, soutient notre esprit. Prendre soin de notre bien-être physique n'est pas seulement une question de santé, mais une stratégie vitale pour construire la résilience émotionnelle. Un corps sain est le sol fertile dans lequel notre résilience émotionnelle grandit et s'épanouit.

Ces éléments forment la base solide du développement de la résilience émotionnelle. C'est une invitation à regarder à l'intérieur, à reconnaître nos émotions, à rechercher du soutien, à être flexibles dans notre façon de penser, à nourrir nos objectifs et à prendre soin de notre corps. Ensemble, ils nous guident dans la construction d'une résilience durable, nous fortifiant pour faire face aux tempêtes de la vie et en sortir plus forts que jamais.

COMMENT TRANSFORMER L'ADVERSITÉ EN CROISSANCE PERSONNELLE

La véritable magie de la résilience se manifeste lorsque nous sommes capables de transformer l'adversité en croissance personnelle. Nous allons explorer comment nous pouvons trouver du sens dans nos luttes, comment nous pouvons apprendre de nos échecs et comment nous pouvons émerger plus forts après chaque tempête. La capacité à tirer de la sagesse et de la maturité de nos expériences challengées est la véritable essence de la résilience.

Réévaluation positive

La réévaluation positive est une puissante stratégie psychologique qui nous aide à transformer l'adversité en croissance personnelle. Explorons plus en détail cette technique transformative:

Interprétation Positive des Situations: La réévaluation positive implique de réinterpréter les situations négatives sous un jour positif. Au lieu de se concentrer uniquement sur les difficultés et les désavantages, on cherche à identifier les aspects positifs et significatifs de l'expérience difficile.

Tirer des Leçons Précieuses: La pratique de la réévaluation positive nous permet de tirer des leçons précieuses de nos expériences difficiles. Nous pouvons en apprendre davantage sur nos propres forces et faiblesses, nos valeurs, et comment faire face à des situations similaires à l'avenir de manière plus efficace.

Développement de la Résilience: En réévaluant une adversité comme une opportunité d'apprentissage, nous développons la résilience. Cela renforce notre capacité émotionnelle à faire face à des défis futurs, car nous commençons à voir chaque situation difficile comme un tremplin pour notre développement.

Changement de la Narration Intérieure: En modifiant la façon dont nous interprétons un revers, nous pouvons changer notre narration intérieure. D'une perspective négative, nous pouvons passer à voir la situation comme une chance de croissance, réalignant ainsi notre vision de nous-mêmes et du monde.

Trouver des Points Lumineux dans les Situations Sombres: La réévaluation positive nous aide à trouver des points lumineux même dans les situations les plus sombres. Cela peut être un apprentissage inattendu, un lien plus profond avec les autres ou une compréhension plus profonde de nous-mêmes. Ces points lumineux nous apportent de l'espoir et de la motivation pour avancer.

Amélioration du Bien-Être Émotionnel: En adoptant une perspective positive, nous vivons une amélioration du bien-être émotionnel. Cela peut inclure une augmentation du bonheur, une réduction du stress et un sentiment de paix intérieure, même face à l'adversité.

Application dans Différents Domaines de la Vie: La réévaluation positive peut être appliquée dans divers domaines de la vie, tels que les relations, la carrière, la santé et les défis personnels. C'est un outil polyvalent qui nous aide à faire face aux vicissitudes de la vie avec résilience et optimisme.

En résumé, la réévaluation positive est une compétence précieuse qui nous permet de transformer les défis en opportunités. C'est un puissant mécanisme de croissance personnelle qui nous aide à trouver du sens et de la force dans les expériences adverses, nous permettant de grandir et de prospérer, indépendamment des circonstances.

La croissance post-traumatique

La croissance post-traumatique est un phénomène psychologique où une personne, après avoir vécu un traumatisme ou un événement hautement stressant, parvient non seulement à se rétablir émotionnellement, mais aussi à grandir et à mûrir en raison de cette expérience. Explorons en détail cette capacité remarquable de transformer l'adversité en croissance:

L'Adversité Comme Catalyseur de Transformation: Le traumatisme peut agir comme un catalyseur pour une transformation profonde dans la vie d'une personne. En affrontant des expériences hautement stressantes, certains individus découvrent une force intérieure jusque-là inconnue et développent un nouveau but et une nouvelle perspective de vie.

Changement de Perspective: La croissance post-traumatique est souvent associée à un changement significatif de perspective. La personne commence à voir le monde différemment, en valorisant davantage les petites choses, les relations interpersonnelles et sa propre vie.

Appréciation de la Vie et des Relations: Après le traumatisme, il y a une plus grande appréciation de la vie et des relations. La personne peut apprendre à apprécier la vie quotidienne, reconnaissant sa fragilité et, en même temps, à cultiver des relations plus authentiques et significatives.

Résilience Améliorée: Faire face et surmonter le traumatisme peut renforcer la résilience de la personne. Elle peut développer des compétences d'adaptation plus efficaces, ce qui l'aide à mieux faire face aux futures adversités et défis.

Empathie et Compassion Accrues: Le traumatisme peut rendre la personne plus sensible à la souffrance des autres. Elle peut développer une plus grande empathie et compassion, transformant la douleur personnelle en motivation pour aider et soutenir les autres.

Croissance Spirituelle: Certaines personnes éprouvent une croissance spirituelle après un traumatisme, trouvant des réponses ou un sens dans les dimensions spirituelles de leur vie. Cela peut apporter réconfort et force pendant le processus de récupération.

Acceptation de l'Impermanence: Le traumatisme peut enseigner à accepter l'impermanence de la vie et la fragilité de l'être humain. Cette acceptation peut conduire à une attitude plus sereine envers les situations de la vie et à la compréhension que toutes choses, bonnes ou mauvaises, sont temporaires.

Développement de Nouveaux Objectifs de Vie: Après un traumatisme, la personne peut reformuler ses objectifs et ses aspirations. Elle peut adopter une nouvelle direction, souvent plus alignée sur ses valeurs et ses désirs authentiques.

La croissance post-traumatique illustre la remarquable résilience humaine et la capacité de transformer même les expériences les plus dévastatrices en opportunités de croissance et de renforcement. En apprenant du passé et en cultivant une vision plus positive et compatissante, il est possible de sortir d'un traumatisme non seulement en survivant, mais en véritablement grandissant et prospérant.

Renforcement de la résilience à travers l'adversité

Affronter et surmonter les adversités est un parcours qui peut renforcer notre résilience et renforcer notre caractère. Chaque défi présente une opportunité précieuse pour grandir et développer des compétences importantes. Explorons plus en détail comment l'adversité peut devenir un moyen de croissance et de développement:

Développement de la Résilience: La résilience est la capacité de s'adapter et de se remettre après avoir fait face à des défis et des adversités. L'adversité offre l'opportunité de renforcer cette compétence vitale, nous aidant à aborder l'avenir avec plus de confiance.

Apprentissage et Adaptation: Chaque défi apporte avec lui des leçons précieuses. Nous pouvons apprendre de nos erreurs et difficultés, nous adapter aux circonstances et ajuster notre approche pour les futures situations similaires.

Élargissement des Compétences Émotionnelles: L'adversité nous met souvent en contact avec un large éventail d'émotions. Apprendre à reconnaître, comprendre et gérer ces émotions est une partie cruciale de la croissance personnelle qui peut nous rendre plus intelligents émotionnellement et plus résilients.

Cultivation de la Détermination et de la Persévérance: Affronter les adversités nous met au défi de persévérer et de maintenir notre détermination, même face à des obstacles. Cette cultivation de la persévérance peut renforcer notre mentalité et nous aider à atteindre nos objectifs à long terme.

Construction de l'Autonomie: L'adversité nous place souvent dans des situations où nous devons prendre des décisions et assumer la responsabilité de nos actions. Cela peut encourager le développement de l'autonomie et de la confiance en nos capacités.

Encouragement de la Croissance Personnelle: En surmontant les défis, nous pouvons grandir personnellement de diverses manières, telles que l'augmentation de notre conscience de soi, le renforcement de nos valeurs et la découverte d'un but plus profond dans nos vies.

Construction de la Résolution de Problèmes: L'adversité nous met au défi de résoudre les problèmes de manière innovante et efficace. Nous développons des compétences en résolution de problèmes qui peuvent être appliquées dans divers domaines de nos vies.

Renforcement des Relations: Faire face aux défis peut créer une opportunité pour renforcer nos relations. Partager des expériences difficiles avec des amis, des membres de la famille ou des groupes de soutien peut créer des liens plus profonds.

L'adversité n'est pas simplement une épreuve; c'est un enseignant exigeant qui nous pousse à grandir et à améliorer nos compétences. Lorsque nous abordons les défis de manière constructive et en apprenons, nous nous préparons à un avenir plus résilient et gratifiant. Le voyage sur le chemin de la résilience commence par la reconnaissance du potentiel de croissance que chaque défi présente.

Acceptation de l'impermanence

L'acceptation de l'impermanence est une philosophie puissante qui reconnaît que tout est sujet à des changements constants. Approfondissons notre compréhension de ce concept et de comment il peut influencer positivement notre approche de la vie:

Concept de l'Impermanence: L'impermanence est la nature transitoire et changeante de toutes choses. Rien ne reste pareil et éternel; tout est sujet à des changements, depuis les événements les plus simples jusqu'aux grandes phases de la vie.

Équilibre dans le Changement: Accepter l'impermanence nous aide à équilibrer nos émotions et attitudes face aux changements. Au lieu de résister ou craindre le changement, nous apprenons à nous y adapter, en maintenant notre sérénité intérieure.

Cultivation de l'Acceptation: Accepter l'impermanence implique de cultiver une attitude d'acceptation envers le flux naturel de la vie. Cela signifie embrasser chaque moment, qu'il soit positif ou négatif, comme faisant partie du voyage de la vie.

Réduction de la Souffrance: La résistance à l'impermanence peut entraîner de la souffrance. L'accepter aide à réduire cette souffrance, car nous comprenons que le bonheur et la tristesse sont temporaires, et que la nature même de la vie est cyclique.

Mentalité de Détachement Sain: Comprendre l'impermanence conduit à une mentalité de détachement sain. Nous ne nous attachons pas excessivement à quoi que ce soit, sachant que tout peut changer. Cela libère l'esprit des griffes de la peur et de l'anxiété.

Résilience face aux Changements: Accepter l'impermanence aide à développer la résilience. Nous sommes mieux préparés à faire face aux changements et aux défis que la vie nous présente, car nous savons que la situation actuelle n'est qu'une phase et qu'elle peut être surmontée.

Cultivation de l'Appréciation: Sachant que rien ne dure éternellement, nous apprenons à apprécier davantage chaque moment présent. Nous valorisons les bonnes expériences et tirons des leçons des adversités, car nous savons qu'elles font toutes partie du flux naturel de la vie.

Spiritualité et Philosophie de Vie: L'acceptation de l'impermanence est une base fondamentale dans de nombreuses traditions spirituelles et philosophies de vie. Elle encourage la recherche de la paix intérieure, de la sagesse et de la compassion.

Paix dans le Moment Présent: En acceptant l'impermanence, nous trouvons la paix dans le moment présent. Nous ne sommes pas préoccupés par le passé ou l'avenir, car nous savons que chaque moment est unique et précieux en soi.

La pratique de l'acceptation de l'impermanence nous aide à vivre avec plus de grâce et de flexibilité, permettant à notre voyage dans la vie de couler naturellement. Nous trouvons le contentement dans le présent, quelle que soit la tournure que puisse prendre l'avenir, et nous embrassons le changement comme une partie inévitable et enrichissante de notre existence.

Cultiver la Résilience au Quotidien

La résilience est une compétence précieuse qui nous aide à affronter les défis de la vie avec force et adaptabilité. Explorons des moyens pratiques de cultiver la résilience dans notre vie quotidienne pour mieux nous préparer aux moments difficiles:

Conscience de Soi et Auto-Gestion: Connaître nos émotions, nos pensées et nos réactions est la première étape pour cultiver la résilience. En étant conscients de nous-mêmes, nous pouvons gérer nos émotions de manière efficace pendant les défis.

Établissement d'Objectifs Réalistes: Définir des objectifs réalistes et réalisables nous aide à maintenir le cap et la motivation. En atteignant ces objectifs, nous renforçons notre croyance en notre capacité à relever les défis.

Développement de la Résolution de Problèmes: Nous apprenons à aborder les problèmes de manière structurée et efficace, en recherchant des solutions constructives. Cette compétence est essentielle pour aborder les défis de manière productive.

Établissement d'un Réseau de Soutien: Cultiver des relations positives et de soutien est crucial. Avoir un réseau d'amis, de famille ou de collègues avec qui nous pouvons partager nos défis nous offre un soutien précieux.

Pratique de la Gratitude et de la Contentement: Se concentrer sur ce que nous avons et exprimer notre gratitude aide à maintenir une perspective positive. Cela nous renforce émotionnellement pour affronter les moments difficiles.

Adoption d'un Mode de Vie Sain: Une alimentation équilibrée, des exercices physiques réguliers et une bonne qualité de sommeil sont essentiels pour la résilience. Un corps sain aide à maintenir un esprit équilibré et résistant.

Cultiver des Passions et des Intérêts: Avoir des activités qui nous passionnent peut être un grand soulagement du stress et de la pression quotidienne. Ces activités nous offrent une soupape de décompression et une opportunité de renouveler notre énergie.

Favoriser la Flexibilité Mentale: La vie est incertaine et souvent ne se déroule pas comme nous l'avions prévu. Apprendre à s'adapter et à être flexible dans différentes situations est un élément clé de la résilience.

Recherche de l'Apprentissage Continu: Être ouvert à l'apprentissage et à la croissance est vital. Chaque expérience, bonne ou mauvaise, nous enseigne quelque chose. Tirer des leçons des défis nous rend plus forts.

Pratique de la Pleine Conscience et de la Méditation: La méditation et la pratique de la pleine conscience peuvent aider à calmer l'esprit et à renforcer notre capacité à faire face au stress et à l'adversité.

Maintien d'une Attitude Positive: Garder une attitude positive même en temps difficiles peut faire une grande différence. L'optimisme nous aide à relever les défis avec résilience et détermination.

Reconnaissance et Acceptation des Émotions: Accepter et traiter nos émotions, même les négatives, est fondamental. Cela nous aide à ne pas être submergés et à développer une compréhension plus profonde de nous-mêmes.

Cultiver la résilience au quotidien ne nous aide pas seulement à faire face aux défis immédiats, mais nous renforce pour affronter les défis futurs de manière plus confiante et équilibrée. C'est une approche proactive pour vivre une vie pleine et significative, indépendamment des circonstances.

Dans ce chapitre, nous plongeons profondément dans la résilience émotionnelle, explorant comment elle peut être développée et cultivée au fil du temps. La résilience n'est pas une qualité innée, mais une compétence que nous pouvons nourrir et renforcer. Nous découvrons que la connaissance de soi, des réseaux de soutien solides, de la flexibilité cognitive, de l'établissement d'objectifs et des soins de santé physique sont les fondements de la résilience.

De plus, nous avons discuté de la manière dont la véritable magie de la résilience se révèle lorsque nous transformons l'adversité en croissance personnelle. La réévaluation positive, la croissance post-traumatique et la capacité à améliorer notre résilience à travers l'adversité sont les piliers de ce processus transformateur.

Maintenant, alors que nous concluons notre parcours de construction de la résilience, nous sommes prêts à avancer et à explorer comment notre style de vie et notre bien-être jouent un rôle crucial dans notre santé mentale et émotionnelle. Le prochain chapitre nous emmènera dans un voyage vers des choix et des habitudes qui favorisent notre bonheur, notre équilibre et notre santé mentale durable. Nous apprendrons comment nourrir notre corps et notre esprit pour construire une vie pleine et significative.

10

MODE DE VIE ET BIEN-ÊTRE

Chaque choix est une toile vierge; peignez votre tableau de paix, en colorant votre vie de bien-être.

Le mode de vie que nous choisissons et les pratiques que nous incorporons quotidiennement ont un impact profond sur notre santé physique et mentale. De l'alimentation que nous choisissons à la manière dont nous gérons le stress, chaque décision façonne notre qualité de vie et notre capacité à faire face à l'anxiété.

Tout au long de ce chapitre, nous plongerons dans des stratégies pratiques pour promouvoir un mode de vie plus sain et moins anxieux. Nous aborderons l'importance d'une alimentation équilibrée et de l'exercice physique, offrant des idées sur la façon dont ces éléments fondamentaux peuvent être de puissants alliés dans la gestion de l'anxiété.

Découvrez comment de petits changements dans votre routine quotidienne, des choix conscients en matière d'alimentation et la pratique régulière d'activités physiques peuvent faire une grande différence dans votre parcours vers le bien-être émotionnel et physique.

STRATÉGIES POUR PROMOUVOIR UN MODE DE VIE PLUS SAIN ET MOINS ANXIEUX

Promouvoir un mode de vie plus sain et moins anxieux est un engagement envers soi-même pour cultiver le bien-être dans tous les domaines de la vie. Ce sont des stratégies pratiques qui vous aideront à atteindre cet équilibre souhaité.

Pratique régulière d'exercices physiques

L'activité physique est un allié puissant dans la quête d'une vie moins anxieuse. Que ce soit par une course matinale, un cours de yoga revigorant ou une simple promenade au parc, l'exercice libère des endorphines, des neurotransmetteurs responsables de la sensation de bien-être. Introduisez une activité physique qui vous apporte de la joie dans votre routine quotidienne et profitez des avantages tant physiques que mentaux.

Méditation et pratiques de relaxation

Méditer et pratiquer des techniques de relaxation comme la respiration profonde et la pleine conscience sont comme des baumes pour l'esprit anxieux. Accordez quelques minutes chaque jour pour vous déconnecter du monde extérieur et vous connecter à vous-même. En apaisant l'esprit et en ralentissant, vous trouverez clarté et paix intérieure.

Alimentation équilibrée

Notre régime alimentaire joue un rôle crucial dans notre santé mentale. Optez pour un régime équilibré et nutritif, composé de fruits, de légumes, de céréales complètes, de protéines maigres et de graisses saines. Évitez les aliments transformés, l'excès de sucre et de caféine, car ils peuvent déclencher ou aggraver les symptômes d'anxiété.

Un sommeil de qualité

Le sommeil est un élément crucial pour la santé mentale. Établissez une routine de sommeil régulière, créez un environnement propice au sommeil et évitez les stimulants avant de vous coucher. Un sommeil réparateur aide à revitaliser le corps et l'esprit, renforçant votre capacité à affronter la journée en toute sérénité.

Gestion du stress

La gestion du stress est une compétence précieuse pour une vie moins anxieuse. Organisez votre temps de manière efficace, apprenez à déléguer les tâches et pratiquez des techniques de relaxation. Sachez dire non quand c'est nécessaire et réservez du temps pour des activités qui vous détendent.

Activités de loisirs

Accordez-vous des moments de loisirs dédiés aux activités que vous aimez. La peinture, la lecture, le jardinage, la musique ou tout passe-temps qui vous déconnecte des préoccupations quotidiennes sont une soupape de décompression pour le stress et l'anxiété.

Création d'une routine structurée

Établissez une routine quotidienne structurée, incluant des horaires pour les repas, l'exercice, le travail, les loisirs et le sommeil. La prévisibilité et l'organisation peuvent aider à réduire l'anxiété, offrant un sentiment de contrôle.

Construction de relations sociales

Cultiver des relations saines et significatives est essentiel pour le bien-être émotionnel. Partagez vos expériences avec vos amis et votre famille, participez à des groupes ayant des centres d'intérêt communs et offrez votre soutien aux autres. Le soutien social peut soulager l'anxiété et créer un filet de sécurité.

Apprentissage et croissance personnelle

Investir dans votre développement personnel est une étape vers une vie plus épanouie et moins anxieuse. Établissez des objectifs réalisables qui vous motivent à grandir et à évoluer. La recherche constante d'apprentissage et de croissance offre un sentiment de but et de satisfaction.

Gratitude et pratique de l'optimisme

La pratique quotidienne de la gratitude est un puissant antidote contre l'anxiété. Reconnaissez les choses positives dans votre vie et remerciez pour elles. Cultiver une perspective optimiste, en se concentrant sur les solutions plutôt que sur les problèmes, transformera votre façon d'aborder la vie et contribuera à réduire l'anxiété.

En mettant en œuvre ces stratégies dans votre vie quotidienne, vous construisez un mode de vie plus sain et moins anxieux, favorisant un équilibre essentiel entre le corps, l'esprit et l'âme. N'oubliez pas que le bien-être est un voyage continu, et chaque pas que vous faites vers un mode de vie plus sain est un pas vers une vie plus riche et paisible.

L'IMPORTANCE D'UNE ALIMENTATION ÉQUILIBRÉE ET DE L'EXERCICE PHYSIQUE POUR CONTRÔLER L'ANXIÉTÉ

Nous vivons à une époque où le rythme effréné de la vie quotidienne nous laisse souvent pris dans un cycle de stress et d'anxiété. Au milieu de cette réalité exigeante, reconnaître l'importance d'une alimentation équilibrée et de la pratique régulière de l'exercice physique est fondamental pour maintenir non seulement notre santé physique, mais aussi notre santé mentale.

Impact de l'alimentation sur l'anxiété

La relation entre l'alimentation et l'anxiété est profonde. Les aliments riches en sucres simples et en graisses trans peuvent déclencher des fluctuations du taux de sucre dans le sang, affectant l'humeur et augmentant l'anxiété. D'autre part, un régime riche en fruits, légumes, grains entiers et protéines maigres peut fournir les nutriments nécessaires à l'équilibre mental.

La sérotonine, neurotransmetteur associé au bien-être et à l'humeur, peut être influencée par l'alimentation. Le tryptophane, un acide aminé précurseur de la sérotonine, se trouve dans des aliments tels que les noix, les graines, les légumineuses et les poissons, et les incorporer dans votre alimentation peut aider à réguler l'humeur et l'anxiété.

Avantages de l'exercice physique sur l'anxiété

L'exercice physique est l'un des moyens les plus efficaces de réduire l'anxiété. Pendant la pratique d'activités physiques, notre corps libère des endorphines, des substances chimiques dans le cerveau qui agissent comme des analgésiques naturels et des stabilisateurs d'humeur. De plus, l'exercice contribue à réduire la production de cortisol, l'hormone du stress.

En plus de l'impact chimique, la pratique régulière de l'exercice est directement liée à une meilleure qualité de sommeil, ce qui est essentiel pour contrôler l'anxiété. Un sommeil adéquat restaure le corps et l'esprit, nous préparant à affronter la journée avec plus de calme et de clarté mentale.

Comment intégrer une alimentation équilibrée et de l'exercice dans votre routine

L'intégration d'une alimentation équilibrée et d'exercices physiques dans notre routine peut sembler difficile au début, mais elle est tout à fait réalisable avec une approche progressive et cohérente. Commencez par apporter de petits changements à votre régime alimentaire, en introduisant plus d'aliments sains et en réduisant les aliments nocifs. De même, essayez différents types d'exercices jusqu'à ce que vous trouviez ceux qui vous plaisent et s'intègrent dans votre vie.

Consulter un nutritionniste ou un professionnel de la santé est un excellent moyen d'obtenir des orientations spécifiques sur une alimentation équilibrée répondant à vos besoins. Pour les exercices, envisager de faire appel à un entraîneur personnel pour un plan personnalisé peut être une excellente option.

La quête de l'équilibre

Trouver le bon équilibre entre une alimentation équilibrée et la pratique régulière de l'exercice physique est une recherche individuelle. Chaque personne est unique et a des besoins différents. Expérimentez différentes approches, écoutez votre corps et apportez des ajustements si nécessaire. Gardez à l'esprit que la pression excessive pour changer radicalement votre alimentation ou faire de l'exercice intensément peut augmenter l'anxiété. La cohérence et la modération sont essentielles pour atteindre et maintenir un mode de vie sain.

En priorisant une alimentation équilibrée et la pratique régulière de l'exercice physique, vous investissez précieusement dans votre santé physique et mentale. Ces choix conscients peuvent jouer un rôle significatif dans le contrôle de l'anxiété et la recherche d'une vie épanouie et équilibrée. Alors, avancez, adoptez des habitudes saines et profitez des avantages durables qu'elles peuvent apporter à votre bien-être.

Dans ce chapitre, nous avons exploré l'importance vitale d'un mode de vie équilibré pour faire face à l'anxiété. Nous avons observé que notre alimentation et notre activité physique ont un impact profond non seulement sur notre santé physique, mais aussi sur notre bien-être mental. Un régime équilibré, riche en nutriments essentiels, associé à la pratique régulière de l'exercice physique, peut être un grand allié dans la quête d'une vie moins anxieuse et plus épanouie.

Rappelez-vous qu'il ne s'agit pas de chercher la perfection, mais l'équilibre. Il s'agit de faire des choix conscients, d'incorporer progressivement des changements positifs dans notre routine quotidienne. En prenant soin de notre corps, nous nourrissons aussi notre esprit. En intégrant une alimentation saine et de l'exercice physique dans notre vie quotidienne, nous faisons des pas concrets vers un état d'équilibre et de bien-être.

Dans le prochain chapitre, nous allons aborder un sujet de plus en plus présent dans nos vies: la technologie. Dans un monde numérisé et connecté, la technologie peut avoir un impact significatif sur notre santé mentale, y compris sur l'anxiété. Nous allons explorer comment une utilisation excessive des appareils, des réseaux sociaux et une exposition constante au monde numérique peuvent affecter notre santé émotionnelle. De plus, nous discuterons des stratégies et des pratiques qui nous permettent d'utiliser la technologie de manière consciente et bénéfique pour notre santé mentale, cherchant un équilibre sain entre la vie en ligne et hors ligne.

11

TECHNOLOGIE ET ANXIÉTÉ

*Maîtrisez l'art de la présence numérique,
en l'équilibrant avec la sérénité du monde réel.*

Nous vivons à une époque où la technologie imprègne tous les aspects de nos vies. Du réveil au coucher, nous sommes constamment plongés dans le monde numérique. Les innovations technologiques ont ouvert la voie à une connectivité accrue, à une efficacité et à une commodité accrues. Cependant, cette révolution numérique a également apporté son lot de défis, particulièrement en ce qui concerne notre santé mentale. Dans ce chapitre, nous plongerons dans l'univers de la technologie et de son influence sur l'anxiété.

La connectivité instantanée et l'accès ininterrompu à l'information ont leurs avantages, mais soulèvent également de nombreuses préoccupations pour la santé mentale. L'anxiété, l'un des problèmes les plus répandus dans notre monde moderne, est fortement influencée par une utilisation excessive et inappropriée de la technologie. Nous explorerons comment la surconsommation d'informations, la pression des réseaux sociaux, l'isolement numérique et la dépendance aux appareils électroniques sont liés à l'anxiété.

Tout au long de ce chapitre, nous examinerons l'impact direct de l'utilisation excessive de la technologie sur notre santé mentale. Nous analyserons comment la surcharge d'informations numériques, la comparaison constante, le manque d'interaction en personne et l'impact sur la qualité du sommeil peuvent contribuer à l'anxiété et au stress. Comprendre ces effets est essentiel pour prendre des mesures significatives à la recherche d'un équilibre sain entre la technologie et notre bien-être émotionnel.

En plus d'identifier les défis, nous présenterons également des stratégies pratiques et efficaces pour atténuer les effets néfastes de l'utilisation excessive de la technologie. Après tout, la technologie n'est pas intrinsèquement négative; son utilisation consciente et équilibrée peut être bénéfique. Nous discuterons de l'importance d'établir des limites claires, de pratiquer la déconnexion numérique, de créer de l'espace pour des activités hors ligne et de cultiver la conscience numérique. Ces pratiques peuvent nous aider à reprendre le contrôle de notre relation avec la technologie et, par conséquent, à soulager l'anxiété qui y est associée.

IMPACT DU SURUTILISATION DE LA TECHNOLOGIE SUR L'ANXIETE

La présence et l'utilisation omniprésente de la technologie dans la société contemporaine ont apporté avec elles un vaste éventail de changements et d'impacts significatifs dans divers domaines de la vie humaine. Cependant, l'un de ces impacts qui mérite une attention particulière est l'effet de la surutilisation de la technologie sur l'anxiété, une condition qui touche des millions de personnes à travers le monde.

La surcharge d'informations et le stress numérique

L'ère numérique a apporté un flux incessant d'informations. Nous sommes exposés à un déluge de nouvelles, de mises à jour des réseaux sociaux, d'e-mails, de messages instantanés et de notifications d'applications à chaque seconde. Bien que la facilité d'accès à l'information soit une bénédiction, la surcharge d'informations peut être accablante. Le stress numérique résultant de cette surabondance d'informations peut conduire à l'anxiété et à l'épuisement. La difficulté à discerner ce qui est important et pertinent au milieu de cette avalanche peut créer un sentiment de désespoir et de perte de contrôle, alimentant ainsi l'anxiété.

Comparaison sociale et insécurité

Les réseaux sociaux, bien qu'ils offrent une plateforme pour la connexion et le partage, sont souvent le théâtre de comparaisons sociales. L'exposition aux vies apparemment parfaites des autres peut cultiver un sentiment d'inadéquation et de faible estime de soi. Les gens ont tendance à comparer leurs vies, leur apparence, leurs réalisations et leurs succès avec les autres, créant ainsi une compétition constante et souvent irréelle. Cela peut conduire à l'anxiété, car les gens se sentent obligés de correspondre à des normes inatteignables.

Isolement et réduction de l'interactivité en face à face

Bien que nous soyons plus interconnectés numériquement, cela ne se traduit pas nécessairement par une plus grande connexion émotionnelle et sociale. Les interactions virtuelles, souvent impersonnelles et superficielles, remplacent les interactions en face à face plus profondes et significatives. L'isolement émotionnel qui en résulte peut conduire à la solitude et à l'anxiété. Le manque de contact humain réel et profond peut laisser les gens se sentir déconnectés et anxieux, malgré leur présence apparemment vaste sur les réseaux sociaux.

Impact sur la qualité du sommeil

L'habitude d'utiliser des appareils électroniques avant de dormir est courante à l'ère numérique. Cependant, l'exposition à la lumière bleue émise par ces appareils peut perturber notre cycle de sommeil. La qualité du sommeil est essentielle pour la santé mentale, et sa perturbation due à l'usage excessif de la technologie est étroitement liée à l'augmentation de l'anxiété et du stress. Le manque de sommeil adéquat peut accroître la vulnérabilité au stress et réduire la capacité à gérer les pressions quotidiennes, ce qui, à son tour, amplifie l'anxiété.

Ce ne sont là que quelques-uns des effets néfastes de la surutilisation de la technologie sur l'anxiété, illustrant le besoin pressant de faire face à ces impacts pour préserver notre santé mentale et notre bien-être.

STRATEGIES POUR EQUILIBRER L'UTILISATION DE LA TECHNOLOGIE ET REDUIRE LA SURCHARGE

Nous vivons à l'ère numérique où la technologie est devenue une partie essentielle de nos vies. Cependant, équilibrer cette présence constante avec une vie équilibrée et saine est crucial pour notre santé mentale et notre bien-être. Voici des stratégies qui peuvent aider à équilibrer l'utilisation de la technologie et à réduire la surcharge qui y est associée:

Établissez des limites claires

Définissez des limites claires pour l'utilisation de la technologie dans votre routine quotidienne. Fixez des horaires spécifiques pour les activités en ligne et des périodes de repos sans technologie, comme pendant les repas et avant de dormir. Ces limites aident à éviter une utilisation excessive et favorisent une relation plus saine avec les appareils.

Blocage des personnes et des sujets nuisibles

Utilisez les outils disponibles sur les réseaux sociaux et les applications pour bloquer les personnes et les sujets qui agissent comme des déclencheurs d'anxiété. Se protéger contre les contenus négatifs est une manière importante de prendre soin de sa santé mentale.

Pratique de la déconnexion numérique

Prenez régulièrement des pauses pour vous déconnecter complètement. Cela peut être quelques heures par jour ou certains jours de la semaine. Utilisez ce temps pour vous reconnecter avec des activités hors ligne et avec vous-même. La déconnexion numérique est essentielle pour soulager le stress et l'anxiété liés à une exposition constante à la technologie.

Faites place à des activités hors ligne

Réservez du temps pour des passe-temps et des activités qui n'impliquent pas d'appareils électroniques. Cela peut inclure des exercices en plein air, la lecture de livres physiques, l'art ou toute autre activité qui permet de se déconnecter du monde numérique. Ces moments de déconnexion sont essentiels pour notre santé mentale et notre bien-être.

Pratiquez la conscience numérique

Soyez conscient de votre utilisation de la technologie. Avant d'ouvrir une application ou un site Web, demandez-vous s'il est vraiment nécessaire à ce moment-là. Limitez-vous aux applications et aux informations utiles et pertinentes pour votre vie. Éviter l'utilisation automatique de la technologie peut réduire le stress et l'anxiété.

Favorisez les interactions en face à face

Donnez la priorité au contact personnel et aux interactions sociales hors ligne autant que possible. Prenez du temps pour être avec des amis et de la famille, participer à des événements sociaux et vous impliquer dans des activités communautaires. Les interactions en face à face sont essentielles pour notre santé mentale et émotionnelle.

Prenez soin de votre santé mentale

Surveillez attentivement votre bien-être mental. Si vous remarquez que l'utilisation de la technologie a un impact négatif sur votre anxiété ou votre santé mentale, recherchez l'aide d'un professionnel de la psychologie ou d'un thérapeute. Il est essentiel de prendre soin de notre santé mentale pour faire face aux défis liés à la technologie.

Aménagez un espace calme

Créez un espace dans votre maison où la technologie n'est pas autorisée. C'est un endroit où vous pouvez vous déconnecter complètement et vous consacrer à la paix et à la tranquillité. Avoir un endroit sans technologie aide à trouver des moments de sérénité au milieu de l'agitation numérique.

Pratiquez la respiration consciente

Lorsque vous sentez que la technologie génère de l'anxiété, prenez quelques minutes pour une respiration consciente. Inspirez profondément, retenez quelques secondes et expirez lentement. Cela peut aider à calmer l'esprit et à réduire l'anxiété associée à une utilisation excessive de la technologie.

Bien que la technologie ait apporté d'incroyables avancées, sa présence constante dans nos vies peut également déclencher de l'anxiété, du stress et d'autres défis émotionnels. Dans ce chapitre, nous avons examiné comment la surcharge d'informations, la comparaison sociale, l'isolement et l'impact sur la qualité du sommeil peuvent contribuer à l'anxiété dans un monde numérique.

Cependant, nous avons également présenté un ensemble complet de stratégies pour équilibrer l'utilisation de la technologie et réduire la surcharge. Ces stratégies comprennent l'établissement de limites claires, le blocage de contenus nuisibles, la déconnexion numérique, la création d'un espace pour des activités hors ligne, la conscience numérique, la valorisation des interactions personnelles, le soin de la santé mentale, la création d'un environnement paisible et la pratique de la respiration consciente.

En adoptant ces stratégies et en cultivant une relation consciente avec la technologie, nous pouvons faire face de manière plus équilibrée aux défis de l'ère numérique, ce qui favorise notre santé mentale et notre bien-être.

Dans le prochain chapitre, nous plongerons dans un domaine fondamental pour notre bien-être émotionnel: les relations et le soutien social. Nos interactions avec nos amis, notre famille et nos communautés jouent un rôle crucial dans notre santé mentale. Nous explorerons comment construire et entretenir des relations saines peut aider à réduire l'anxiété, à fournir un soutien émotionnel et à créer un filet de sécurité lors des moments difficiles.

12

RELATIONS ET SOUTIEN SOCIAL

*Dans chaque connexion, nous trouvons de la force;
ensemble, nous formons une symphonie,
une harmonie dans la lutte contre l'anxiété.*

Nous vivons dans un monde interconnecté où nos vies sont entrelacées par les relations que nous nouons tout au long du chemin. Chaque connexion, que ce soit avec des amis, de la famille, des collègues ou même des inconnus, contribue à la toile complexe de nos vies.

Les relations ne sont pas simplement des interactions superficielles; elles sont l'épine dorsale de notre existence. Des liens étroits avec ceux qui partagent notre quotidien aux rencontres éphémères qui nous rappellent notre humanité partagée, les relations façonnent notre monde émotionnel. Et en explorant l'intersection complexe entre ces connexions et notre anxiété, nous cherchons à comprendre comment nos interactions interpersonnelles peuvent soulager ou aggraver le poids de l'inquiétude et de la peur.

Dans ce chapitre, nous plongeons profondément dans les méandres des relations humaines. Nous examinons comment le soutien émotionnel peut être un rempart contre l'anxiété, comment le manque de connexions peut nourrir la solitude et l'insécurité, et comment l'empathie et la compréhension peuvent être des phares de lumière dans les moments les plus sombres. Au cours de notre voyage, nous découvrons que, tandis que les relations positives peuvent nourrir notre âme et nous donner la force d'affronter le monde, les relations toxiques peuvent miner notre confiance et semer le doute dans nos cœurs.

En plus d'examiner l'influence des relations sur notre anxiété, nous présentons également de puissantes stratégies pour nourrir et renforcer ces connexions cruciales. De la communication transparente à la recherche d'aide professionnelle lorsque cela est nécessaire, nous sommes sur le point de dévoiler l'arsenal d'outils disponibles pour construire des relations saines et chercher le soutien émotionnel dont nous avons tous besoin.

L'INFLUENCE DES RELATIONS SUR L'ANXIÉTÉ

Les liens que nous tissons avec d'autres personnes tout au long de notre vie ne sont pas simplement des relations sociales, mais des fils qui tissent la toile de notre santé mentale. En cherchant à comprendre la relation complexe entre les relations et l'anxiété, nous découvrons l'impact substantiel qu'ils peuvent avoir sur notre état émotionnel. Du réconfort apaisant à l'aggravation de nos craintes, les relations façonnent nos expériences d'anxiété de manière profonde et variée. Nous allons analyser de quelle manière les relations peuvent influencer notre anxiété:

Soutien émotionnel et réduction de l'anxiété

Les relations saines, fondées sur la confiance, le respect et le soutien mutuel, ont le pouvoir de fonctionner comme de véritables antidotes contre l'anxiété. Avoir quelqu'un en qui nous pouvons avoir une confiance totale, avec qui nous pouvons partager nos inquiétudes et nos peurs les plus profondes, est un baume pour l'anxiété. Le soutien émotionnel nous offre l'assurance que nous ne sommes pas seuls dans nos défis, nous permettant de les affronter avec plus de résilience et d'espoir. L'empathie et l'encouragement que nous recevons dans des relations significatives peuvent calmer la tempête intérieure, fournissant un havre de paix pour notre détresse.

Relations toxiques et aggravation de l'anxiété

Tout comme les relations positives peuvent apporter du réconfort, les relations toxiques ont l'effet inverse: intensifier nos niveaux d'anxiété. Les environnements où il y a un manque de soutien, de compréhension ou, pire encore, où il y a de l'abus émotionnel ou physique, peuvent être des foyers de stress et d'anxiété. Identifier et, par la suite, se distancer de ces relations nocives est essentiel pour protéger notre santé mentale. Mettre fin à des relations toxiques est un acte de compassion envers soi-même et une étape cruciale vers un état émotionnel plus stable et calme.

Solitude et anxiété

La solitude peut être un terrain fertile pour l'éclosion de l'anxiété. L'absence d'interactions sociales significatives et de connexions émotionnelles peut entraîner un profond sentiment d'isolement, qui peut à son tour déclencher de l'anxiété. Il est donc vital de cultiver des relations saines et de consacrer du temps et des efforts à la construction de connexions authentiques. Ces relations peuvent agir comme des remparts contre la solitude et ses conséquences néfastes pour notre santé mentale.

Empathie et compréhension comme soulagement de l'anxiété

Les relations caractérisées par l'empathie, la compréhension et une communication ouverte et efficace peuvent apporter un soulagement précieux de l'anxiété. Le sentiment d'être vraiment compris et écouté, sans jugement, peut alléger le fardeau de l'anxiété. Dans ces relations, nous trouvons un espace sûr pour exprimer nos pensées et émotions les plus intimes, ce qui peut avoir un effet apaisant sur nos esprits agités.

STRATÉGIES POUR CULTIVER DES RELATIONS SAINESET RECHERCHER UN SOUTIEN ÉMOTIONNEL

Cultiver des relations saines et rechercher un soutien émotionnel sont des compétences cruciales pour améliorer notre santé mentale et faire face à l'anxiété de manière efficace. Explorons des stratégies qui peuvent nous aider à renforcer nos relations interpersonnelles et à rechercher le soutien nécessaire lorsque nous en avons besoin:

Communication claire et empathique

La communication est la base de toute relation saine. La capacité d'exprimer nos sentiments, besoins et préoccupations de manière claire et respectueuse est essentielle. De plus, savoir écouter activement ce que les autres ont à dire, en montrant de l'empathie et de la compréhension, peut éviter les malentendus qui se transforment souvent en sources d'anxiété. Une communication claire et empathique est la pierre angulaire pour construire des connexions solides et saines.

Établissement de limites saines

Établir des limites saines est une démonstration d'amour-propre et de respect mutuel. La capacité de dire "non" quand c'est nécessaire et de définir clairement ce qui est acceptable et ce qui ne l'est pas dans une relation est fondamentale. Cela aide à maintenir une dynamique équilibrée, prévenant le stress et l'anxiété résultant du manque de respect ou de la surcharge. Établir des limites est une forme d'autosoins et est essentiel pour des relations durables et saines.

Expression de la reconnaissance et de l'appréciation

Exprimer de la gratitude et de l'appréciation est un moyen puissant de renforcer les liens interpersonnels. Reconnaître les contributions positives des personnes dans nos vies crée un environnement de positivité et d'harmonie. La gratitude favorise un cercle vertueux de bien-être émotionnel, renforçant nos relations et contribuant à un état mental plus équilibré et moins anxieux.

Empathie et compréhension active

L'empathie est l'une des qualités les plus précieuses que nous pouvons cultiver dans nos relations. Se mettre à la place des autres, s'efforcer de comprendre leurs sentiments et leurs perspectives, est un geste puissant. La compréhension active montre du soin et un véritable intérêt, créant un environnement émotionnellement nourrissant et réduisant l'anxiété en offrant un espace sûr pour exprimer nos émotions.

Encouragement de la croissance personnelle

Les relations saines n'acceptent pas seulement, mais encouragent également la croissance personnelle. Encourager et soutenir les objectifs et aspirations des autres crée une base pour des relations durables et gratifiantes. Lorsque nous soutenons la croissance des personnes dans notre vie, nous construisons une communauté où tous ont l'opportunité de se développer et d'atteindre leur plein potentiel.

Recherche professionnelle d'aide

Lorsque l'anxiété devient écrasante et commence à affecter notre qualité de vie, chercher de l'aide professionnelle est une étape cruciale. Les psychologues, les thérapeutes et les conseillers sont disponibles pour offrir des orientations spécialisées et des stratégies pour faire face à l'anxiété. De plus, ces professionnels peuvent nous aider à améliorer nos relations, fournissant un soutien crucial pour notre santé mentale.

Participation à des activités sociales et communautaires

Participer à des activités sociales et communautaires est un excellent moyen de créer et de renforcer des relations significatives. Se connecter à un groupe plus vaste et contribuer à la communauté crée non seulement de nouvelles amitiés, mais donne également un sentiment de but et de signification. S'engager dans des causes communes et contribuer au bien-être de la communauté peut réduire l'anxiété, renforçant notre santé mentale.

Favoriser des relations positives avec la famille

Les liens familiaux sont un pilier crucial de nos vies. Renforcer ces connexions est une partie essentielle de la cultivation de relations saines. Investir du temps et des efforts pour maintenir une relation positive avec les membres de la famille peut être une source significative de soutien émotionnel. Une famille unie et aimante peut être un refuge en période d'anxiété, offrant confort et soutien émotionnel.

Dans ce chapitre, nous avons exploré la profonde influence des relations sur notre anxiété et comment elles peuvent être à la fois une source de soutien émotionnel et une source de stress. Nous avons appris que, lorsqu'elles sont cultivées de manière saine, les relations peuvent jouer un rôle essentiel dans la réduction de l'anxiété en fournissant un soutien émotionnel, de l'empathie et de la compréhension. En même temps, nous avons identifié l'importance de fixer des limites et de reconnaître les relations toxiques qui peuvent aggraver l'anxiété.

Les stratégies discutées dans ce chapitre, telles que la communication claire, l'empathie, l'établissement de limites saines et la recherche de croissance personnelle, offrent des outils pratiques pour améliorer nos relations et, par conséquent, notre santé mentale.

Alors que nous progressons, rappelons-nous que nos liens avec d'autres personnes sont une ressource précieuse pour faire face à l'anxiété et trouver un soutien émotionnel. En cultivant des relations saines et en mettant en œuvre ces stratégies, nous faisons des pas importants vers une vie avec moins d'anxiété et un équilibre émotionnel accru.

Dans le prochain chapitre, nous plongerons dans l'importance de rechercher de l'aide professionnelle pour faire face à l'anxiété. Nous explorerons les différentes ressources disponibles, des psychologues et des thérapeutes aux approches thérapeutiques, qui peuvent fournir des orientations spécialisées et des stratégies efficaces pour faire face à l'anxiété. Chercher de l'aide professionnelle est une étape cruciale pour de nombreuses personnes qui rencontrent des défis émotionnels, et ce chapitre fournira des informations précieuses sur la manière de franchir cette étape importante vers le bien-être mental.

13

RECHERCHE D'AIDE PROFESSIONNELLE

Dans la quête de la lumière, trouvez le courage; dans la voix du professionnel, découvrez votre chemin vers la guérison.

Le parcours de l'anxiété est un sentier complexe et souvent exigeant, plein de hauts et de bas émotionnels, de pensées tumultueuses et d'incertitudes qui peuvent obscurcir l'horizon du bien-être mental. L'anxiété peut se manifester de différentes manières et à des intensités variées, affectant notre capacité à profiter de la vie et à accomplir nos responsabilités quotidiennes. C'est un état émotionnel qu'il ne faut pas sous-estimer, car il peut miner notre qualité de vie et interférer avec nos interactions sociales, notre travail et nos relations personnelles.

Il est important de reconnaître qu'affronter l'anxiété seul peut être écrasant et souvent inefficace. À certains moments, le soutien des amis et de la famille peut ne pas suffire à fournir les outils et les stratégies nécessaires pour surmonter les obstacles que l'anxiété pose dans notre vie. C'est à ce moment-là que la recherche d'une aide professionnelle devient essentielle pour orienter notre bien-être émotionnel dans une nouvelle direction.

Ce chapitre est dédié à comprendre l'importance de chercher de l'aide professionnelle, y compris auprès de psychologues et de psychiatres, dans le parcours pour surmonter l'anxiété. Nous allons explorer les raisons pour lesquelles l'orientation d'experts peut faire une différence significative, non seulement dans le soulagement des symptômes, mais aussi dans la compréhension plus approfondie des racines de l'anxiété. Nous démystifierons les tabous qui entourent souvent la thérapie, encourageant une approche plus consciente et éclairée dans la recherche d'aide professionnelle.

IMPORTANCE DE RECHERCHER DE L'AIDE PROFESSIONNELLE

L'anxiété est une condition complexe qui peut se manifester de différentes façons et intensités, affectant la vie de diverses manières. À mesure que l'anxiété devient plus présente et impactante, la recherche d'aide professionnelle devient une nécessité importante. Voici quelques raisons pour lesquelles l'assistance de psychologues et de psychiatres est fondamentale:

Approfondissement de la compréhension de l'anxiété

Les professionnels de la santé mentale possèdent les connaissances et l'expérience nécessaires pour approfondir la compréhension de l'anxiété. Ils peuvent diagnostiquer l'anxiété et identifier les déclencheurs spécifiques qui la provoquent dans chaque cas. Avec cette compréhension plus profonde, il est possible de développer des stratégies d'adaptation personnalisées et efficaces.

Développement de stratégies personnalisées

Comme chaque individu fait face à l'anxiété de manière unique, un plan de traitement personnalisé est essentiel pour aborder les besoins et les défis spécifiques de chaque personne. Les professionnels de la santé mentale peuvent créer des stratégies sur mesure comprenant des thérapies, des exercices de relaxation, des techniques d'adaptation et, dans certains cas, des médicaments.

Accès à des techniques thérapeutiques spécialisées

Les professionnels de la santé mentale ont accès à une large gamme de techniques thérapeutiques éprouvées qui peuvent être très efficaces dans le traitement de l'anxiété. Ces techniques comprennent la Thérapie Cognitive-Comportementale (TCC), la Pleine Conscience, la Thérapie d'Acceptation et d'Engagement (ACT) et de nombreuses autres approches pouvant apporter un soulagement et fournir des outils précieux pour gérer l'anxiété.

Fourniture de soutien professionnel

Le soutien professionnel est crucial pour faire face à l'anxiété. Les psychologues et les psychiatres sont formés non seulement pour fournir des orientations et des stratégies, mais aussi pour offrir un soutien émotionnel. Avoir un professionnel à ses côtés peut faire une différence significative dans son parcours pour surmonter l'anxiété.

Prévention et gestion des crises

Les professionnels de la santé mentale sont formés pour reconnaître les signes d'une crise imminente et pour aider à la prévenir. Ils peuvent aider à créer des plans de sécurité et des stratégies pour éviter les rechutes ou en réduire l'impact. Cela est particulièrement important pour les personnes qui vivent une anxiété chronique ou des troubles anxieux.

Finalement, rechercher une aide professionnelle pour l'anxiété n'est pas seulement une démonstration d'autosuffisance, mais aussi un pas courageux vers une vie plus équilibrée et heureuse. Chaque personne est unique, et l'assistance d'un psychologue ou d'un psychiatre peut fournir le soutien nécessaire pour faire face aux défis de l'anxiété de manière efficace et émancipatrice.

DÉMYSTIFICATION DES TABOUS LIÉS À LA THÉRAPIE

Il est important de démystifier les tabous et les idées fausses entourant la thérapie, car ces fausses conceptions peuvent empêcher les gens de chercher le soutien dont ils ont besoin pour leur santé mentale. Explorons quelques-uns de ces mythes:

La thérapie n'est pas un signe de faiblesse

Un des tabous les plus courants et préjudiciables liés à la thérapie est la croyance que chercher de l'aide auprès d'un professionnel est un signe de faiblesse. Cependant, c'est loin d'être vrai. Chercher de l'aide est un signe de force et de courage. C'est une démonstration d'autosuffisance et de détermination à améliorer sa propre santé mentale. Reconnaître que tout le monde fait face à des défis émotionnels à un moment donné de sa vie et que chercher de l'aide est une décision intelligente et affirmée est une étape essentielle pour déconstruire ce tabou.

La thérapie n'est pas réservée aux problèmes graves

Une autre idée fausse courante est que la thérapie est réservée aux personnes ayant des problèmes mentaux graves. Cependant, la thérapie est bénéfique pour toute personne confrontée à du stress, de l'anxiété, des problèmes relationnels, des transitions de vie ou à la recherche de connaissance de soi. C'est un outil puissant pour promouvoir le bien-être émotionnel dans une variété de situations. Tout le monde mérite de prendre soin de sa santé mentale, quelle que soit la gravité du problème.

La thérapie n'est pas un processus sans fin

Certains peuvent craindre qu'une fois qu'ils ont commencé la thérapie, ils seront piégés dans ce processus pour toujours. Cependant, la thérapie est un processus adaptable et flexible. L'objectif est de fournir les outils nécessaires pour que vous puissiez vous soutenir émotionnellement. Les thérapeutes sont là pour vous aider à atteindre vos objectifs et pour déterminer quand vous êtes prêt à avancer, offrant autonomie et progrès continu. La thérapie vise à vous habiliter à faire face de manière indépendante et confiante aux défis futurs.

La thérapie n'est pas seulement parler de problèmes

La thérapie va au-delà de simplement parler de vos problèmes. C'est un environnement sûr et confidentiel pour explorer en profondeur vos émotions, vos comportements et vos pensées. Les thérapeutes fournissent des conseils, enseignent des compétences d'adaptation, aident à développer des stratégies pour faire face aux défis de la vie de manière plus efficace et encouragent la découverte de la connaissance de soi. La thérapie est un espace de croissance personnelle et de développement émotionnel, offrant un chemin vers une vie plus équilibrée et significative.

Rechercher une aide professionnelle pour faire face à l'anxiété est une étape cruciale vers une vie plus équilibrée et saine. Ce chapitre a exploré l'importance de rechercher l'aide de psychologues et de psychiatres, soulignant que cette démarche n'est pas un signe de faiblesse, mais de force et de détermination à prendre soin de sa santé mentale. Nous avons démystifié les tabous associés à la thérapie, en mettant l'accent sur le fait qu'elle n'est pas réservée uniquement aux problèmes graves et qu'elle ne représente pas un processus sans fin. La thérapie est un espace de croissance, où des stratégies sont développées et où une compréhension profonde de l'anxiété est acquise.

Les professionnels de la santé mentale offrent non seulement un soutien émotionnel, mais aussi des techniques thérapeutiques spécialisées pour traiter l'anxiété. Grâce à un processus personnalisé, ils aident à identifier les déclencheurs et à élaborer des stratégies adaptées aux besoins uniques de chaque individu. De plus, ils apportent un soutien pour prévenir et gérer les crises, ce qui est essentiel pour ceux qui vivent une anxiété chronique ou des troubles apparentés.

En dissipant les idées fausses et en encourageant la recherche d'aide professionnelle, nous espérons avoir inspiré à considérer la thérapie comme un outil précieux pour faire face à l'anxiété. À travers elle, il est possible de mener une vie plus épanouie et équilibrée, en favorisant le bien-être émotionnel et en améliorant la qualité de vie. Le parcours pour surmonter l'anxiété est un voyage de courage, de connaissance de soi et de croissance, et l'aide professionnelle peut être un guide précieux sur ce chemin.

CONCLUSION

En arrivant à la fin de ce voyage à travers "Anxiété, Inc.", il est crucial de réitérer et de souligner l'importance de faire face résolument à l'anxiété dans nos vies. L'anxiété, avec ses ramifications profondes et souvent complexes, peut façonner nos expériences et notre perception du monde. Cependant, il est fondamental de se rappeler que nous ne sommes pas impuissants face à cette condition. Chaque page de ce livre était un appel à l'action, une invitation à affronter l'anxiété de front et à ne pas la laisser nous dominer.

Le message central de ce livre est celui de l'espoir et de l'encouragement. Il est possible de vivre une vie épanouie, même en présence de l'anxiété. Elle n'est pas un obstacle insurmontable, mais un défi qui, avec la bonne approche, peut être géré et surmonté. Le voyage vers l'équilibre émotionnel et la paix intérieure peut commencer par un simple pas: chercher de l'aide.

Rappelez-vous que vous n'êtes pas seul, de nombreuses personnes font face à l'anxiété, et il existe un réseau de soutien disponible, des amis et de la famille aux professionnels de la santé mentale, prêts à aider. Avoir le courage d'affronter l'anxiété est un acte d'auto-compassion et d'investissement en soi.

Le chemin peut être difficile, avec des hauts et des bas, mais chaque pas que vous faites vers la gestion de l'anxiété est un pas vers une vie plus saine, équilibrée et épanouie. Gardez à l'esprit que l'anxiété ne définit pas qui vous êtes, mais qu'elle fait simplement partie de votre expérience. Avec détermination, des stratégies efficaces et du soutien, vous pouvez acquérir un plus grand contrôle sur l'anxiété et atteindre une vie plus significative et heureuse.

Alors, avancez avec confiance, cherchez les outils et le soutien dont vous avez besoin. L'anxiété peut être un défi, mais c'est aussi une opportunité de grandir, d'apprendre et de s'épanouir. Votre voyage vers une vie plus équilibrée et libérée de l'anxiété commence maintenant.

À PROPOS DE L'AUTEUR

Leonardo Tavares porte en lui non seulement le fardeau de la vie, mais aussi la sagesse conquise en affrontant les tempêtes qu'elle a apportées. Veuf et père dévoué d'une charmante jeune fille, il a compris que le voyage de l'existence est une tapisserie tissée de hauts et de bas, une symphonie de moments qui sculptent notre essence.

Avec une vitalité qui transcende sa jeunesse, Leonardo a affronté des défis redoutables, navigué à travers des phases difficiles et fait face à des jours sombres. Bien que la douleur ait été sa compagne le long de son chemin, il a transformé ces expériences en marches qui l'ont propulsé vers un niveau de sérénité et de résilience.

Auteur d'œuvres remarquables d'auto-assistance, tels que les livres "Anxiété, Inc.", "Combattre la Dépression", "Faire Face à l'Échec", "Guérir la Dépendance Émotionnelle", "Quel est Mon Objectif?", "Surmonter la Rupture", "Survivre au Deuil", "Trouver l'Amour de Votre Vie" et "Vaincre le Burn-Out", il a trouvé dans l'écriture le moyen de partager ses leçons de vie et de transmettre la force qu'il a découverte en lui. À travers son écriture claire et précise, Leonardo aide ses lecteurs à trouver la force, le courage et l'espoir en des moments de profonde tristesse.

Aidez d'autres personnes en partageant ses œuvres.

SOURCES

Barlow, D. (2022). Anxiety: The Cognitive Behavioral Approach. New York, NY: The Guilford Press.

Bourne, E. J. (2022). Anxiety and Phobia Workbook. New York, NY: New Harbinger Publications.

Burns, D. (2022). When Panic Attacks: The New, Drug-Free Way to Overcome Panic Disorder and Anxiety. New York, NY: Houghton Mifflin Harcourt.

Goldin, P. R., & Gross, J. J. (2022). The Mindful Path to Self-Compassion: Freeing Yourself from Negative Thoughts and Emotions. New York, NY: Guilford Press.

Hofmann, S. G., & Smits, J. A. (2022). The Anxiety and Phobia Workbook: A Cognitive-Behavioral Therapy Approach to Overcoming Anxiety and Phobias. New York, NY: Guilford Press.

Leahy, R. L. (2022). The Worry Cure: Seven Steps to Stop Worrying and Start Living. New York, NY: Basic Books.

Levine, B. D. (2022). Anxiety Disorders: A Guide to Treatment and Prevention. New York, NY: W. W. Norton & Company.

Mcdonagh, B. (2022). The DARE Response: How to Overcome Anxiety, Panic, and Worry in 7 Weeks. New York, NY: New Harbinger Publications.

Weekes, C. (2022). Anxiety Toolkit: A Practical Guide for Managing Anxiety and Panic Attacks. New York, NY: HarperOne.

Williams, M., Penman, D., & Kabat-Zinn, J. (2022). Mindful Way Through Anxiety. New York, NY: The Guilford Press.

LEONARDO TAVARES

Anxiété, Inc.

www.ingramcontent.com/pod-product-compliance
Lightning Source LLC
LaVergne TN
LVHW041805060526
838201LV00046B/1128